호텔관광 실무일본어

호텔 관광 실무일본어

具正大 지음

이담 Books

　　우리나라의 호텔 및 관광산업은 외형적으로 놀라울 정도의 발전을 보이고 있다. 또한 호텔산업은 관광산업의 중추적인 역할을 해나갈 것이며, 무궁무진한 발전과 함께 앞으로도 수많은 전문 인력이 필요할 것으로 내다보고 있다. 특히 우리나라에서는 일본인 관광객이 외국인 관광객의 **40%** 이상을 꾸준히 차지하고 있기 때문에 호텔 및 관광관련업 종사자에게 영어뿐만 아니라 일본어의 중요성을 아무리 강조해도 지나치지 않은 현실에 당면해 있다.

　　한국을 찾는 일본인 관광객들은 공항, 호텔, 면세점 및 식당 등에서 의사소통이 무난하게 이루어지기를 기대하고 있다. 이를 위해서는 일본인들을 직접 대면하는 관련 서비스 기업에 근무하는 종사자들이 관광 및 호텔 실무 전반에 걸친 일본어 용어를 숙지하는 것은 물론이거니와 일본인들과의 의사소통이 원활해야 하는 것도 매우 중요한 실정이다.

　　따라서 이 교재는 호텔의 업무인 객실예약, 도어맨, 벨맨, 프런트, 하우스키핑, 전화교환, 레스토랑 등의 사례를 위주로 하여 관광 관련 업무를 수행하고 있는 종사자들뿐만 아니라, 관광 및 호텔을 전공하여 장차 호텔이나 관광 관련 기업에서 근무하겠다는 계획을 가지고 있는 관광학도들에게 더더

욱 필요할 것이다. 또한 호텔에서뿐만 아니라 일본인 관광객들과 대화하는 데 실질적으로 필요한 내용 위주로 제작하고자 실무 사례를 제시해 가며 집필하였기에 전문서적으로서의 맞춤식 교육이 가능한 획기적인 교재라고 할 수 있다.

본 교재는 호텔 각 부서의 업무내용을 단원마다 중요표현·기본표현·사례로 나누어 설명하였으며, 단원이 끝날 때마다 단어를 정리하였다. 또한 문법적인 설명이 필요 없을 만큼 체계적으로 배열해 일본어를 전혀 모르는 사람도 알기 쉽도록 배려하였기에 누구든지 쉽게 배울 수 있다.

이 교재의 미비한 점은 앞으로 개정판에서 계속 보완할 것을 약속드리며, 이 교재가 호텔이나 관광 관련 기업에 근무하고자 하는 모든 학생들에게 가장 효율적인 호텔관광 실무 일본어의 지침서가 되기를 바란다.

끝으로 이 교재의 출판을 위해 노고를 아끼지 않은 한국학술정보(주) 출판사업부 관계자 모두에게 지면을 빌려 감사드리는 바이다.

2010년 4월
부산에서 저자 具正大

| 차례 |

Part 1

객 실 예 약

오늘날은 예약문화시대이다. 호텔이용자는 우편, 전화나 팩시밀리, 인터넷 등으로 사전에 예약업무를 완료하고 약속된 기일과 시간에 찾아온다. 예약지배인은 이들 내방객을 위해 접수된 예약 현황을 분류하고, 직원들의 업무를 총괄하여 보고를 받거나 지시를 내린다. 또 고객유치 영업정보를 얻는 자료로 영업활동을 위한 아이디어를 개발하거나 활용할 수도 있다.

중요표현

▶ いつ おとまり ですか。
(언제 숙박하십니까?)

▶ なんにちから ですか。
(며칠부터입니까?)

▶ なんめいさま ですか。
(몇 분이십니까?)

▶ すこし ごゆっくり おっしゃってください。
(조금 천천히 말씀해 주십시오.)

▶ よやくは なさいましたか。
(예약은 하셨습니까?)

▶ いつ よやくを なさいましたか。
(언제 예약을 하셨습니까?)

▶ どんな おなまえで よやくを なさいましたか。
(어떤 이름으로 예약을 하셨습니까?)

▶ おなまえを おねがいします。
(이름을 부탁합니다.)

▶ ごれんらくさきを おねがいいたします。
(연락처를 부탁합니다.)

▶ よやくは されております。
(예약은 되어 있습니다.)

▶ よやくは されて おりません。
(예약은 되어 있지 않습니다.)

▶ どんな へやが よろしいでしょうか。
(어떤 방이 좋겠습니까?)

▶ おつれさまが いらっしゃいますか。
(일행 분이 계십니까?)

▶ なんぱく よてい でしょうか。
(몇 박 예정입니까?)

▶ すみませんが あきべやは ございません。
(죄송합니다만 빈방이 없습니다.)

▶ よやくが いっぱいです。
(예약이 꽉 찼습니다.)

중요표현

▶ **いろんな へやが ございます。**
(여러 가지 방이 있습니다.)

▶ **よやく の かくにんですか。**
(예약 확인입니까?)

▶ **よやく の へんこうですか。**
(예약 변경입니까?)

▶ **よやく の キャンセルですか。**
(예약 취소입니까?)

▶ **よやく の えんちょうですか。**
(예약 연장입니까?)

· **ありがとうございます。フロントで ございます。**

· 감사합니다. 프런트입니다.

· **どんな タイプの おへやが ごきぼうですか。**

· 어떤 타입의 방을 희망하십니까?

· **シングルルーム ひとつ おねがい します。**

· 싱글룸 하나 부탁합니다.

· **なんにちかん おとまりに なりますか。**

· 며칠간 머무르실 것입니까?

· **いっぱくで 170,000ウォン ぐらいに なります。**

· 1박에 170,000원 정도입니다.

· **それに 10%の サービスりょうと 10%の ぜいきんが かさん されます。**

· 그것에 10% 서비스료와 10% 세금이 가산됩니다.

···· 단어 정리 ····

電話(**でんわ**)：전화	希望(**きぼう**)：희망
シングルルーム：싱글룸	**サービス**料(service **りょう**)：서비스료
税金(**ぜいきん**)：세금	加算(**かさん**)：가산

· **ごよやくは なさいましたか。**

· 예약은 하셨습니까?

· **インターネットで よやく しました。**

· 인터넷으로 예약했습니다.

· **おとまりに なさる かたは なんめいさま ですか。**

· 숙박하실 분은 몇 분이십니까?

· **おひとりだけ よやく なさいますか。**

· 한 분만 예약하시는 겁니까?

· **ごよやくは ちょくせつ なさいましたか。**

· 예약은 직접 하셨습니까?

------ 단어 정리 ------

インターネット(internet)： 인터넷　　　　　　直接(**ちょくせつ**)： 직접

· ごよやくを もういちど かくにん させて いただきます。
· 예약을 다시 한 번 확인하겠습니다.

· **おそれいりますが。コンピューター**に **きろく されて いません**。
· 죄송합니다만, 컴퓨터에 기록되어 있지 않습니다.

· **よやく コンピューターを たしかめて みます**。
· 예약 컴퓨터를 확인해 보겠습니다.

· **すみませんが、コンピューターには、そのひに へやが ないとで ています**。
· 죄송합니다만, 컴퓨터상에 그날에는 빈방이 없다고 나오는데요.

· **すみませんが、9月は ほとんど よやくが 入っています**。
· 죄송합니다만, 9월은 거의 예약이 찼습니다.

· **まことに もうしわけございませんが、もう よやくは おわりました**。
· 대단히 죄송합니다만, 예약은 벌써 끝났습니다.

····· 단어 정리 ·····

確認(**かくにん**): 확인	記録(**きろく**): 기록
コンピューター: 컴퓨터	部屋(**へや**): 방
ほとんど: 대부분, 거의	誠に(**まことに**): 참말로, 정말로, 대단히

· たいへん 申し譯ございませんが、しんかんのほうは もう よやくが お わりました。
· 대단히 죄송합니다만, 신관은 벌써 예약이 끝났습니다.

· べっかんのほうは ようい できますが いかがでしょうか。
· 별관은 가능합니다만 어떠십니까?

· ツイン または ダブルなら しんかんの へやがあります。
· 트윈 또는 더블이면 신관에 방이 있습니다.

· この ばんごうは ごじたく(かいしゃ)でございますか。
· 이 번호는 자택(회사)입니까?

· かいしゃめいを きかせて いただけませんか。
· 회사명을 알려 주시지 않겠습니까?

· また、わたしどもの ホテルの ごりようを おまちして おります。
· 저희 호텔을 다시 이용해 주시길 바랍니다.

· へんこうですか。
· 변경입니까?

단어 정리

大変(**たいへん**)：대단히, 매우	新館(**しんかん**)：신관
別館(**べっかん**)：별관	方(**ほう**)：쪽
用意(**ようい**)：준비	**ツイン**：트윈(싱글이 두 개)
ダブル：더블, 더블침대	自宅(**じたく**)：자택
変更(**へんこう**)：변경	

사례 01

たなか: もしもし、へやの よやくを おねがいします。
よやくがかり: はい、いつからですか。
たなか: あしたから にはくです。
よやくがかり: どんな へやが いいでしょうか。
たなか: ベッド ふたつある へやが いいです。
よやくがかり: わかりました。たなかさん。どうもありがとうございます。

田　　中: 여보세요, 방 예약을 부탁합니다.
예약담당: 예, 언제부터입니까?
田　　中: 내일부터 2박입니다.
예약담당: 어떤 방이 좋겠습니까?
田　　中: 침대가 두 개 있는 방이 좋습니다.
예약담당: 알겠습니다. 다나카 씨. 감사합니다.

----- 단어 정리 -----

部屋(**へや**): 방	予約(**よやく**): 예약	**おねがいする**: 부탁하다
いつ: 언제	明日(**あした**): 내일	二泊(**にはく**): 이박
どんな: 어떤	ベッド(bed): 침대	**ふたつ**: 두 개

まつもと: もしもし、よやくの かくにんを したいですけど。

よやくがかり: はい、おなまえが なんですか。

まつもと: まつもとです。

よやくがかり: はい、まつもとさん。よやくの ひは いつですか。

まつもと: 7がつ21にちから ふつか かんです。

よやくがかり: はい 7がつ21にちから ふつかかんで よやく されてます。

まつもと: おねがいします。

よやくがかり: はい、どうもありがとうございます。

松　　本: 여보세요, 예약을 확인하고 싶은데요.

예약담당: 예, 성함이 무엇입니까?

松　　本: 마쓰모토입니다.

예약담당: 예, 마쓰모토 씨. 예약일은 언제입니까?

松　　本: 7월 21일부터 이틀간입니다.

예약담당: 예, 7월 21일부터 이틀간으로 예약되어 있습니다.

松　　本: 부탁하겠습니다.

예약담당: 예, 감사합니다.

----- 단어 정리

確認(**かくにん**): 확인	名前(**なまえ**): 이름
予約(**よやく**)の 日(**ひ**): 예약일	二日間(**ふつかかん**): 이틀간

よやくがかり: はい、よやくがかりで ございます。
さいとう: こちらは げんだい ぼうえき、ソウル じむしょです。へやの よやくを とりたいんですが。
よやくがかり: いつも ありがとうございます。ごよていは いつですか。
さいとう: じゅうがつ じゅうににちから じゅうがつ じゅうよっかまでです。
よやくがかり: さんぱく よっかでございますね。ただいま へやが ございますので おなまえと でんわばんごうを どうぞ。
さいとう: たかはし きよしです。電話番号は 556－3138です。

예약담당: 네, 예약계입니다.
齊　　藤: 이쪽은 현대무역 서울 사무소입니다. 방 예약을 하고 싶은데요.
예약담당: 매번 감사드립니다. 예정은 언제로 하실 겁니까?
齊　　藤: 10월 12일에서 10월 14일까지입니다.
예약담당: 3박 4일이시군요. 현재 빈방이 있으니 성함과 전화번호를 말씀해 주시겠습니까?
齊　　藤: 高橋 淸입니다. 전화번호는 556－3138입니다.

----- 단어 정리 -----

電話予約(でんわよやく)： 전화예약		予約係(よやくがかり)： 예약계	
齊藤(さいとう)： 사이토(人名)		現代(げんだい)： 현대	
貿易(ぼうえき)： 무역		事務所(じむしょ)： 사무소	
部屋(へや)： 방		高橋(たかはし)： 다카하시(人名)	
淸(きよし)： 기요시(人名)			

よやくがかり:　おはようございます。ホテル・ソウル　きゃくしつ　よやく
　　　　　　　　がかりの　金でございます。

ちかだ:　よやくの　キャンセルを　したいんですが。

よやくがかり:　お名前を　お知らせ　ください。

ちかだ:　ちかだの　名前で　よやくが　してある　はずですが。

よやくがかり:　いつ　おとまり　でしょうか。

ちかだ:　しがつ　じゅうくにちから　さんぱくです。

よやくがかり:　しつれいですが、ごほんにんさまですか。

ちかだ:　はい、そうです。

よやくがかり:　では、ちかださまの　お名前で　しがつ　じゅうくにちからの
　　　　　　　　みっかかんの　ごよやくが　キャンセルを　させていただきます。

예약담당: 안녕하십니까? 호텔서울 객실예약 담당 金입니다.

近　　田: 예약취소를 하고 싶은데요.

예약담당: 성함을 말씀해 주시겠습니까?

近　　田: 近田라는 이름으로 예약되어 있을 것입니다만.

예약담당: 언제 숙박하시기로 되어 있었습니까?

近　　田: 4월 19일부터 3박인데요.

예약담당: 죄송하지만 본인 되십니까?

近　　田: 네, 그렇습니다.

예약담당: 그러면 近田 손님 성함으로 4월 19일부터 3일간의 예약을 취소
　　　　　하겠습니다.

사례 **04**

よやくがかり：こんにちは。きゃくしつ よやくでございます。

きむら：12月 21日から さんぱくの よやくを お願い します。

よやくがかり：おそれいりますが、その 日には よやくが おわりました。

예약담당: 안녕하세요. 객실예약입니다.

木　　村: 12월 21일부터 3박 예약을 하고 싶은데요.

예약담당: 죄송합니다만, 그날은 예약이 끝났습니다.

---- 단어 정리 ----

よやくがかり: 예약계　　　　　　　木村(**きむら**): 기무라(人名)

恐**れ入る(おそれいる)**: 황공하다, 죄송하다

Part 2

도 어 맨

호텔의 도어맨은 고객 마중, 전송, 주차장 안내와 정리·택시 호출, 현관의 청결유지 등의 업무를 맡아 본다. 고객의 차량이 현관에 도착하면 차량의 문을 열어 주며, 영접하고 차의 주·정차 위치를 안내하고, 차량의 번호를 확인하고 열쇠를 보관함에 보관한다. 또 고객이 차량을 부탁해 오면 콜택시 등을 불러 준다.

중요표현

▸ いらっしゃいませ。
(어서 오십시오.)

▸ ○○ホテルへ ようこそ。
(○○호텔에 오신 걸 환영합니다.)

▸ おりてください。
(내려 주십시오.)

▸ おにもつは ありますか。
(짐은 있습니까?)

▸ にもつは わたしが おもち いたします。
(짐은 제가 들겠습니다.)

▸ かばんは ぜんぶで おいくつですか。
(가방은 전부 몇 개입니까?)

▸ みんなで これだけ ですか。
(모두 이것뿐입니까?)

▸ ごあんない いたします。
(안내해 드리겠습니다.)

▶ どうぞ、こちらへ。
(이쪽으로 오십시오.)

▶ フロントデスクの ほうに おねがい します。
(프런트 데스크에 가 주십시오.)

▶ かいてんドアを ごちゅうい おねがい します。
(회전문을 주의해 주십시오.)

▶ タクシーを および いたしましょうか。
(택시를 불러 드릴까요?)

▶ どこまで いらっしゃいますか。
(어디까지 가십니까?)

▶ タクシーが まいりました。
(택시가 왔습니다.)

▶ にもつを くるまに のせましょうか。
(짐을 차에 실을까요?)

▶ のりあいの かたは いらっしゃいますか。
(합승하실 분은 계십니까?)

중요표현

▶ みんなで なんにんさまですか。

(모두 몇 분이십니까?)

▶ よにんようの タクシーでございさます。

(4인용 택시입니다.)

▶ また おこしください。

(또 오십시오.)

· にもつは ぜんぶで いくつですか。

· 짐은 전부 몇 개입니까?

· ロビーの インフォメーション(フロント、ベルキャプテン)で おたずね下さい。

· 로비에 있는 안내(프런트, 벨 캡틴)로 문의해 주십시오.

· コーヒーショップは ロビーに お入りになって みぎてでございます。

· 커피숍은 로비로 들어가셔서 오른쪽에 있습니다.

· どこまで いらっしゃる よてい ですか。

· 어디까지 가실 예정입니까?

단어 정리

荷物(**にもつ**): 짐	全部(**ぜんぶ**): 전부
持つ(**もつ**): 잡다, 들다	ロビー: 로비
ベルキャプテン: 벨 캡틴	**コーヒーショップ**: 커피숍
右手(**みぎて**): 오른쪽	予定(**よてい**): 예정

· **ゆきさきは どこですか。**

· 행선지는 어디입니까?

· **シャトルバスは ここで さんじっぷん おきに しゅっぱつ して おります。**

· 셔틀버스는 여기서 30분 간격으로 출발하고 있습니다.

· **タクシーを ようい いたしましょうか。**

· 택시를 준비할까요?

· **タクシーを まって いらっしゃるんですか。**

· 택시를 기다리고 계십니까?

· **私が タクシー うんてんしゅに ゆきさきを いって あげましょうか。**

· 제가 택시 운전사에게 행선지를 말해 드릴까요?

· **うんてんしゅに ほうこうを おしえましょうか。**

· 운전사에게 방향을 알릴까요?

· **りょうきんは やく 2000ウォン ぐらいです。**

· 요금은 약 2,000원 정도입니다.

----- 단어 정리 -----

行き先(**ゆきさき**)：행선지	シャトルバス：셔틀버스
おきに：~마다	出發(**しゅっぱつ**)：출발
用意(**ようい**)：준비	待つ(**まつ**)：기다리다
方向(**ほうこう**)：방향	料金(**りょうきん**)：요금
約(**やく**)：약	**ウォン**：원
位(**くらい**)：정도	

- このカードは、どうすれば ソウルホテルに もどれるかを せつめい して おります。
- 이 카드는 어떻게 하면 서울호텔에 돌아올 수 있는지가 설명되어 있습니다.

- もうしわけございませんが、あめの よるには タクシーを ひろうのが たいへん むずかしいです。りょうきんは 2ばいです。
- 죄송합니다만, 비 오는 밤에는 택시를 잡는 것이 굉장히 어렵습니다. 요금은 2배입니다.

- これに のって ください。
- 여기에 타 주십시오.

- おにもつは くるまの トランクに いれて あげます。
- 짐은 자동차 트렁크에 넣어 드리겠습니다.

- トランクに おにもつが また ありますか。
- 자동차 트렁크에 짐은 더 있습니까?

단어 정리

カード: 카드	説明(**せつめい**): 설명	雨(**あめ**): 비
夜(**よる**): 밤	料金(**りょうきん**): 요금	荷物(**にもつ**): 짐
雨の夜(**あめのよる**): 비 오는 밤	大変(**たいへん**): 매우, 대단히	
難しい(**むずかしい**): 어렵다, 어려운	トランク: 트렁크	
入れる(**いれる**): 넣다	上げる(**あげる**): ~해 드립니다.	

· **ちゅうしゃは ガレージで おねがいいたします。**

· 주차는 차고(주차장)에 부탁합니다.

· **ガレージは はんたいがわでございます。**

· 차고는 반대편에 있습니다.

· **ちゅうしゃは ホテルの おきゃくさまには むりょうでございます。**

· 주차는 호텔 손님에게는 무료입니다.

· **ここの ちゅうしゃは 30分 いない ということに なって おります。**

· 여기 주차는 30분 이내로 되어 있습니다.

· **すべりやすいですから。あしもとに きをつけて ください。(ごちゅうい ください)**

· 미끄러지기 쉬우니까 발밑을 주의해 주십시오.

· **また おめにかかる ひを おまちして おります。**

· 다시 만나 뵐 날을 기다리고 있겠습니다.

··· 단어 정리 ···

駐車(**ちゅうしゃ**): 주차	ガレージ: 차고
反對側(**はんたいがわ**): 반대 측	以內(**いない**): 이내
滑べる(**すべる**): 미끄럽다	足元(**あしもと**): 발밑, 발아래
目(**め**): 눈　　　日(**ひ**): 날	待つ(**まつ**): 기다리다

ドアマン: こんにちは。ようこそ ソウル・ホテルへ おいで くださいました。

いとう: こんにちは。

ドアマン: おにもつは これで ぜんぶ ですか。どうぞ おにもつは ここへ
おのこし ください。ベルマンが おはこび いたします。

도어맨: 안녕하세요. 서울호텔에 오신 것을 환영합니다.

伊　藤: 안녕하세요.

도어맨: 짐은 이것이 전부입니까? 짐은 여기에 남겨 두십시오. 벨맨이 들
고 가도록 할 것입니다.

----- 단어 정리 -----

伊藤(**いとう**): 이토(人名)　　荷物(**にもつ**): 짐　全部(**ぜんぶ**): 전부

残す(**のこす**): 남기다, 남겨두다　　ドアマン: 도어맨

ベルマン: 벨맨　　　　　　　　運ぶ(**はこぶ**): 운반하다, 나르다

사례 02

ドアマン: いらっしゃいませ。おもち いたしましょう。どうぞ こちらへ。
いしだ: どうも ありがとう。フロント・デスクは どちら ですか。
ドアマン: あちらの みぎがわでございます。

도어맨: 어서 오십시오. (짐을) 들어 드리겠습니다. 어서 이쪽으로 오십시오.
石　田: 감사합니다. 프런트 데스크는 어느 쪽입니까?
도어맨: 저쪽 오른편에 있습니다.

---- 단어 정리 ----

持つ(**もつ**): ① 들다, 쥐다

　　　　　　② 가지다, 지니다, 소유하다. 여기서는 '들다, 쥐다'의 뜻이다.

フロント・デスク: 프런트 데스크　　　　　**あちら**: 저쪽

右側(**みぎがわ**): 오른쪽 ↔ 左側(**ひだりがわ**): 왼쪽

ドアマン:　こんにちは。おとまりで　いらっしゃいますか。ごよやくは　な
　　　　　さいましたか。
たけだ:　ええ、そうです。
ドアマン:　ただ今　ベルマンが　ごあんない　いたしますので　少々おまちくだ
　　　　　さい。

도어맨: 안녕하십니까? 숙박하실 겁니까? 예약은 하셨습니까?
竹　田: 네, 그렇습니다.
도어맨: 곧 벨맨이 안내해 드릴 겁니다. 잠시만 기다려 주십시오.

단어 정리

泊る(とまる)：숙박하다　　予約(よやく)：예약　　案内(あんない)：안내

사례 04

ドアマン: おはようございます。今日 おたちで いらっしゃいますか。

いしい: ええ、1じの ひこうきで かえります。

ドアマン: くうこうの リムジン・バスが すぐ もどります。

いしい: ごくろう さまでした。

ドアマン: 私どもの ホテルを ごりよう くださいまして ありがとう ござ
いました。

도어맨: 안녕하세요. 오늘 떠나실 겁니까? (오늘 출발하십니까?)

石　井: 네, 1시 비행기로 돌아갑니다.

도어맨: 공항 리무진 버스가 곧 돌아올 것입니다.

石　井: 수고하셨어요.

도어맨: 저희 호텔을 이용해 주셔서 감사합니다.

---- 단어 정리 ----

石井(**いしい**): 이시이(人名)	發つ(**たつ**): 출발하다
飛行機(**ひこうき**): 비행기	空港(**くうこう**): 공항
リムジン・バス: 리무진 버스	**すぐ**: 즉시, 금방
存じる(**ぞんじる**): '알다, 생각하다'의 겸사말	利用(**りよう**): 이용

ドアマン: おはようございます。きょう おかえり ですね。タクシーを お
　　　　　よび いたしましょうか。

すずき: じゃ、おねがいします。

ドアマン: しょうしょう おまち 下さい。2、3ぷんで タクシーが くると
　　　　　おもいます。

도어맨: 안녕하세요. 오늘 돌아가시는군요. 택시를 불러 드릴까요?

鈴　木: 그럼, 부탁합니다.

도어맨: 잠시만 기다려 주십시오. 2~3분 내에 택시가 올 것입니다.

····· 단어 정리 ·····

今日(**きょう**): 오늘　　　　　　　呼ぶ(**よぶ**): 부르다

鈴木(**すずき**): 스즈키(人名)

Part 3

벨 맨

벨맨은 복장을 갖추고 현관에서 대기하고 있다가, 고객이 현관에 도착하면 신속히 다가가서 정중히 인사를 하고 고객의 짐을 받아 들고 프런트 데스크로 안내한다. 객실직원에 의해 고객의 객실이 배정되면, 고객의 열쇠를 건네받아 고객을 객실로 안내한다. 객실에 도착하면 문을 열고 실내등을 켠다. 고객의 짐을 정해진 위치에 놓고 객실 내의 시설물과 서비스에 관한 정보를 제공한다. 또 고객에게 전달할 메시지, 우편물 등의 전달품을 배달해 주는 일상적인 서비스를 제공하며, 고객 퇴숙 시에도 짐을 들어 주는 등 서비스를 제공한다. 벨 캡틴은 고객의 객실번호와 운반한 손님의 휴대가방 개수 등을 별도의 장부에 기록한다. 또 객실관리에 관한 내용을 담당 벨맨에게 교육·훈련한다. 현관의 청소상태나 부하직원들의 복장상태도 점검한다.

중요표현

こわれものは ありませんか。

(깨지는 물건은 없습니까?)

フロントへ ごあんない いたします。

(프런트로 안내해 드리겠습니다.)

おへやの ばんごうを おねがいします。

(방 번호를 알려 주십시오.)

おへやに ごあんない いたします。

(방으로 안내하겠습니다.)

こちらへ どうぞ。

(이쪽으로 오십시오.)

エレベーターに おのり ください。

(엘리베이터를 타 주십시오.)

さんがいでございます。

(3층입니다.)

こちらが 703ごうしつでございます。

(이쪽이 703호실입니다.)

でんきの スイッチは これです。

(전기 스위치는 이것입니다.)

どうぞ おはいり ください。

(들어가십시오.)

だんぼうは これで ちょうせつ します。

(난방은 이것으로 조절합니다.)

クーラーは こちらに ございます。

(에어컨은 이쪽에 있습니다.)

みぎの ほうに まわして ください。

(오른편으로 돌려 주십시오.)

おんどが さがります。

(온도가 내려갑니다.)

はんたいがわに まわせば いいです。

(반대쪽으로 돌리면 됩니다.)

きちょうひんと げんきんは フロントに おあずけください。

(귀중품과 현금은 프런트에 맡겨 주십시오.)

どうぞ ごゆっくり。

(천천히 쉬십시오.)

· **こちらが おきゃくさまの おへや 1105ごうでございます。**
· 이쪽이 손님의 객실 1105호입니다.

· **おきゃくさまは しんかんの おへやを ごよやく されています。**
· 손님은 신관에 예약되어 있습니다.

· **ごあんない いたします。**
· 안내해 드리겠습니다.

· **しんかんの チェックイン・デスクは しんかんの ラウンジに ようい されて います。**
· 신관의 체크인·데스크는 신관라운지에 준비되어 있습니다.

· **(エレベーターで) 上(下)へ まいります。**
· (엘리베이터에서) 위(아래)로 갑니다.

· **ソウル・ホテルには はじめて おとまり ですか。**
· 서울 호텔에는 처음 숙박하시는 겁니까?

· **ホテル・ソウルを ごりよう くださいまして ありがとう ございます。**
· 호텔 서울을 이용해 주셔서 감사합니다.

· **ビジネスで いらっしゃいましたか。**
· 사업차 오셨습니까?

단어 정리

新館(**しんかん**): 신관	案内(**あんない**): 안내
チェックイン・デスク: 체크인 데스크	**ラウンジ**: 라운지
用意(**ようい**): 준비	初めて(**はじめて**): 처음
泊る(**とまる**): 머무르다, 체재하다	

· **お客様の お部屋は みなみがわ です。**
· 손님의 방은 남향입니다.

· **ここの れいぞうこには おさけ、ビール、のみもので いっぱいに なっ
て おります。**
· 여기 냉장고에는 주류, 맥주, 음료가 가득합니다.

· **チェック・アウイ なさる ときに おのみになった ものに ついては け
いさん されます。**
· 체크아웃하실 때 마셨던 것에 대해서는 계산됩니다.

· **ここに かかくひょうが あります。**
· 여기에 가격표가 있습니다.

· **ここに そなえつけの ミニバーは じこしんこく ほうしきで この めい
さいしょによって べつに けいさん されます。**
· 여기에 비치된 미니바는 자기신고방식으로 이 계산서에 따라 별도로 계
산됩니다.

· **このナイト・テーブルには テレビ、ラジオ、でんきスイッチが もうけ
られて おります。**
· 이 나이트 테이블에는 텔레비전, 라디오, 전기스위치가 설치되어 있습니다.

· そして かくしゅの でんわ りよう あんないしょを そなえて おります。
· 그리고 각종 전화 이용 안내서를 비치하고 있습니다.

---- 단어 정리

南側(**みなみがわ**)：남측, 남쪽

酒(**さけ**)：술, **おさけ**

飲み物(**のみもの**)：마실 것, 음료

飲む(**のむ**)：마시다

価格表(**かかくひょう**)：가격표

自己(**じこ**)：자기

方式(**ほうしき**)：방식

別に(**べつに**)：따로, 별도로

テレビ：텔레비전

電氣(**でんき**)：전기

各種(**かくしゅ**)：각종

利用(**りよう**)：이용

冷藏庫(**れいぞうこ**)：냉장고

ビール(beer)：맥주

いっぱい：가득

計算(**けいさん**)：계산

ミニバー：미니바

申告(**しんこく**)：신고

明細書(**めいさいしょ**)：명세서

ナイトテーブル：나이트 테이블

ラジオ：라디오

スイッチ：스위치

電話(**でんわ**)：전화

備える(**そなえる**)：비치하다

· **ホテル りよう あんないしょは ここに ございます。**
· 호텔 이용 안내서는 여기에 있습니다.

· **つくえには ぶんぐるいが ようい して あります。**
· 책상에는 문구류가 준비되어 있습니다.

· **かさいの 時には ここに そなえつけの ガスマスクを ごしよう ください。**
· 화재 시에는 여기에 비치된 가스마스크를 사용하십시오.

· **よくそうの シャワーを つかう 時は この ノブを ひっぱると うえから シャワーが でます。**
· 욕조의 샤워를 사용하실 때에는 이 손잡이를 잡아당기면 위에서 물이 나옵니다.

· **ほかに ごふべんな ことが ございましたら、3 ばんの ベルデスクに ごれんらく ください。**
· 그 밖에 불편한 것이 있으시면 3번 벨데스크로 연락 주십시오.

· **なんでも ごようじが ございましたら、2 ばんを おして ください。**
· 무엇이든지 용건이 있으시면 2번을 눌러 주십시오.

· **ほかに なにか ございませんか。**
· 그 밖에 물어보실 것이 있으십니까?

· ベルマンでございます。およびに なりましたか。

· 벨맨입니다. 부르셨습니까?

· はい、すぐ うかがいます。

· 네, 곧 가겠습니다.

단어 정리

机(**つくえ**)： 책상	文具類(**ぶんぐるい**)： 문구류
火災(**かさい**)： 화재, 불	使用(**しよう**)： 사용
浴槽(**よくそう**)： 욕조, 목욕통	**ノブ**： 노브, 손잡이
シャワー： 샤워	不便(**ふべん**)： 불편
連絡(**れんらく**)： 연락	用事(**ようじ**)： 용건, 용무
呼ぶ(**よぶ**)： 부르다	

· なんじに ホテルを ごしゅっぱつの よてい でしょうか。
· 몇 시에 호텔에서 출발하실 예정입니까?

· 30分いじょう ほかんする おにもつは バゲージ・ルームで おあずかり いたします。
· 30분 이상 보관할 짐은 배기지 룸에 맡겨 주십시오.

· とりあつかいには じゅうぶん ちゅうい いたします。
· 취급에 충분히 주의하겠습니다.

· シャトルバスは あさ 7時 30分 から よる 10時 30分 まで しちょうの まえを 30分 おきに まわして おります。
· 셔틀버스는 아침 7시 30분부터 밤 10시 30분까지 시청 앞을 30분 걸러서 돌고 있습니다.

---- 단어 정리 ----

出發(しゅっぱつ)：출발　　　　予定(よてい)：예정
以上(いじょう)：이상 ↔ 以下(いか)：이하
保管(ほかん)：보관　　　　バゲージルーム：배기지 룸
取り扱い(とりあつかい)：취급　　　充分(じゅうぶん)：충분(히)
注意(ちゅうい)：주의　　　　朝(あさ)：아침
夜(よる)：밤　　　　　　　市廳(しちょう)：시청
前(まえ)：앞 ↔ 後(うしろ)：뒤　　おきに：걸러서
回す(まわす)：돌리다, 회전시키다

· **つぎの バスは** 11時 30分に **あります**。
· 다음 버스는 11시 30분에 있습니다.

· **ホテルに おとまりの お客様にかぎり ご利用 いただけます**。
· 호텔에 숙박하시는 손님에 한해서 이용하실 수 있습니다.

· **かならず** 10分 前に **ごじょうしゃ ください**。
· 반드시 10분 전에 승차해 주십시오.

· **シャトルバスは いつも ていじに しゅっぱつ いたします**。
· 셔틀버스는 항상 정각에 출발합니다.

· **じかんが ないので おいそぎ ください**。
· 시간이 없사오니 서둘러 주십시오.

· **じゅうぶん じかんの よゆうが ございます**。
· 충분히 시간 여유가 있습니다.

· **げんかんの みぎがわの バスていに くうこうバスが あります**。
· 현관 오른편 버스 정류소에 공항버스가 있습니다.

· **くうこうバスは** 10分 **おきに あります**。
· 공항버스는 10분 간격으로 있습니다.

┌─ 단어 정리 ─

次(**つぎ**)：다음

乗車(**じょうしゃ**)：승차

定時(**ていじ**)：정시

十分＝充分(**じゅうぶん**)：충분

玄關(**げんかん**)：현관

空港(**くうこう**)：공항

限リ(**かぎリ**)：한하여

シャトルバス：셔틀버스

出發(**しゅっぱつ**)：출발

余裕(**よゆう**)：여유

バス停(**てい**)：버스정류장

· しない かんこうに たいする 案内は むこうがわの デスクで ご案内 して おります。

· 시내 관광에 관한 안내는 건너편 데스크에서 안내하고 있습니다.

· イテウォンは ショッピングがい です。

· 이태원은 쇼핑가입니다.

· めんぜいてんを ご利用 されては いかがでしょうか。

· 면세점을 이용하시면 어떠십니까?

· めんぜいてんは デパートの 11かいに ありまして、ねんじゅうむきゅうです。

· 면세점은 백화점 11층에 있으며, 연중무휴입니다.

· ごぜん 9時 30分から ごご 7時 30分まで えいぎょう して おります。

· 오전 9시 30분부터 오후 7시 30분까지 영업하고 있습니다.

· 韓國の おかねの きほんたんいは ウォンです。

· 한국 화폐의 기본단위는 원입니다.

···· 단어 정리 ····

向こう側(**むこうがわ**): 저쪽 편, 건너편　　　**デスク**: 데스크

街(**がい**): 거리　　　　　　　　　　　免税点(**めんぜいてん**): 면세점

年中(**ねんじゅう, ねんちゅう**): 연중　　午前(**ごぜん**): 오전

午後(**ごご**): 오후　　營業(**えいぎょう**): 영업　　**お金**(**おかね**): 돈

基本(**きほん**): 기본　　單位(**たんい**): 단위

· **すみませんが、今日の てんきは どうですか。**
· 저, 오늘 날씨는 어떻습니까?

· **今日は とても さむくて、きしょうだいに よると ゆきが ふる そうです。**
· 오늘은 굉장히 춥고, 기상대에 의하면 눈이 내린다고 합니다.

· **てんきよほうに よると くもりで 大変 寒い そうです。**
· 일기예보에 의하면 흐리고 굉장히 추울 것 같습니다.

· **ここから こくりつはくぶつかんまで、どう やって いけば いいですか。**
· 여기서부터 국립박물관까지 어떻게 해서 가면 좋습니까?

· **あるいて いけますが かなり とおいです。**
· 걸어서 갈 수 있지만 꽤 멉니다.

· **タクシーを ご利用 なさったほうが いいじゃ ないでしょうか。**
· 택시를 이용하시는 편이 좋지 않을까요?

· **こくりつはくぶつかんは まいしゅう げつようびが ていきゅうびです。**
· 국립박물관은 매주 월요일이 정기 휴일입니다.

· **明洞(ミョンドン)は この前の ちかどうろを わたって まっすぐ いった ら いいです。**
· 명동은 이 앞의 지하도를 건너서 똑바로 가면 됩니다.

· みんぞくむらまでは おうふくで 約 5時間 かかります。

· 민속촌까지는 왕복 약 5시간 걸립니다.

단어 정리

寒い(**さむい**)：춥다 ↔ 署い(**あつい**)：덥다	熱い(**あつい**)：뜨겁다
厚い(**あつい**)：두껍다	氣象台(**きしょうだい**)：기상대
雪(**ゆき**)：눈	降る(**ふる**)：내리다
予報(**よほう**)：예보	國立(**こくりつ**)：국립
博物館(**はくぶつかん**)：박물관	行けば(**いけば**)：간다면
歩く(**あるく**)：걷다, 걸어가다	遠い(**とおい**)：먼 ↔ 近(**ちか**)い：가까운
毎週(**まいしゅう**)：매주	定休日(**ていきゅうび**)：정규휴일
民俗村(**みんぞくむら**)：민속촌	往復(**おうふく**)：왕복

· **カジノは エスカレーターに のって おりますと ひだりがわに あります。**

· 카지노는 에스컬레이터를 타서 내리면 왼편에 있습니다.

· **クスリヤ(薬屋)は ベルデスクの となりに ございます。あちらです。**

· 약국은 벨데스크 옆에 있습니다. 저쪽입니다.

· **くすりやは げんかんの ひだりがわに あります。**

· 약국은 현관의 왼편에 있습니다.

· **どこで りょうがえが できますか。**

· 어디서 환전할 수 있습니까?

· **あちらの フロントの キャッシャーか、2かいの ぎんこうを ご利用 ください。**

· 저쪽 프런트 캐셔 아니면 2층 은행을 이용해 주십시오.

· **ショッピングは ちか 1かいの ロビーで できます。**

· 쇼핑은 지하 1층 로비에서 하실 수 있습니다.

· **きっては 案内デスクで お求め ください。**

· 우표는 안내데스크에서 구입해 주십시오.

· **タバコは コーヒーショップの まえに ある じどうはんばいきで 買えます。**

· 담배는 커피숍 앞에 있는 자동판매기에서 살 수 있습니다.

단어 정리

カジノ: 카지노	**エスカレーター**: 에스컬레이터, 자동계단	
藥屋(**くすりや**): 약국	**ベルデスク**: 벨데스크	**キャッシャー**: 캐셔
銀行(**ぎんこう**): 은행	地下(**ちか**): 지하	**ロビー**: 로비
切手(**きって**): 우표	**タバコ**: 담배	**コーヒーショップ**: 커피숍
自動販賣機(**じどうはんばいき**): 자동판매기		

· **カヤグム・ショー**は 17時と 19時 30分に はじまります。
· 가야금 쇼는 17시와 19시 30분에 시작합니다.

· **しょくどうには** ごご 9時 30分までは にゅうじょう なさって ください。
· 식당에는 오후 9시 30분까지는 입장해 주십시오.

· **10時に** おわります。
· 10시에 끝납니다.

· **しょくどうがいは** きゅうてんじゅうですので、コーヒーショップを ご
　利用 **下さい。**
· 식당가는 (정기)휴일 중이기 때문에 커피숍을 이용해 주십시오.

· **すみやき カルビを めしあがるなら かんしょくどうを ご利用 下さい。**
· 숯불구이 갈비를 드시려면 한식당을 이용해 주십시오.

단어 정리

カヤグム・ショー: 가야금 쇼	始**まる(はじまる)**: 시작하다
食堂**(しょくどう)**: 식당	入場**(にゅうじょう)**: 입장
食堂街**(しょくどうがい)**: 식당가	休店中**(きゅうてんじゅう)**: 휴점 중
カルビ: 갈비	韓食堂**(かんしょくどう)**: 한식당

・こうしゅう　電話は　むこうがわ(まっすぐ、みぎがわ、ひだりがわ、ちか1
　かい、2かい)にあります。
・공중전화는 건너편(똑바로, 오른편, 왼편, 지하 1층, 2층)에 있습니다.

・こうない　電話は　フロントキャッシャーの　前に　あります。
・구내전화는 프런트 캐셔 앞에 있습니다.

・きゃくしつに　お電話　なさる　時は　こうない　電話を　ご利用　ください。
・객실에 전화하실 때는 구내전화를 이용해 주십시오.

・しない　電話は　こうしゅう　電話で　できます。
・시내전화는 공중전화로 할 수 있습니다.

・しない　電話は　9番を　おしてから　かけて　ください。
・시내전화는 9번을 누르고 나서 거십시오.

・こくさい　電話は　カード　電話で　かけられます。
・국제전화는 카드전화로 걸 수 있습니다.

・こくさい　電話は　おへやから　ちょくせつ　かけられます。
・국제전화는 방에서 직접 걸 수 있습니다.

・ゼロ番を　おせば　オペレーターが　でます。
・0번을 누르면 교환수가 나옵니다.

┌── 단어 정리 ──────────────────────────────┐

公衆(**こうしゅう**)：공중　　構內(**こうない**)：구내

客室(**きゃくしつ**)：객실　　市內(**しない**)：시내

國際(**こくさい**)：국제　　**カード**：카드

直接(**ちょくせつ**)：직접　　押**せば**(**おせば**)：누르면

└──┘

· **チェック・アウト** 時間**は** 明日 12時まで です。
· 체크아웃 시간은 내일 12시까지입니다.

· **田中さまからの メッセージでございます**(ごでんごんです。)
· 다나카(田中) 씨로부터 온 메시지입니다(전언입니다).

· **すぐ しんぶんを おくり いたします。**
· 곧 신문을 보내 드리겠습니다.

· **ドアの そとがわを かくにん して ください。**
· 문 바깥을 확인해 주십시오.

· **ごたいざいじゅうは どうぞ ごゆっくり おくつろぎ ください。**
· 체재 중에는 편안히 지내십시오.

· **また おこし 下さい。**
· 또 들러 주십시오.

 ····· 단어 정리 ·····

チェックアウト: 체크아웃　　　　　翌日(**よくじつ**): 다음 날. 익일

メッセージ: 메시지　　　伝言(**でんごん**): 전언　　　新聞(**しんぶん**): 신문

くつろぎ: 편안히 지냄　外側(**そとがわ**): 외측, 밖　確認(**かくにん**): 확인

滞在中(**たいざいじゅう**): 체재 중　　　　　　　**ゆっくり**: 천천히

ベルマン: ベルマンの リと もうします。　おへや まで ごあんない いたします。

いしかわ: ええ、お願いします。

ベルマン: おにもつは このかばん 2つだけで ございますか。

いしかわ: そのほか　ゴルフセットが　もう　1つ　あるんですが、きいろい　バッグ です。

ベルマン: あ、あちらに ございます。エレベーターは こちらです。

벨　맨: 벨맨 李라고 합니다. 객실까지 안내해 드리겠습니다.

石　川: 네, 부탁합니다.

벨　맨: 짐은 이 가방 2개뿐입니까?

石　川: 그것 말고 골프세트가 한 개 더 있는데, 노란색 가방입니다.

벨　맨: 아, 여기에 있습니다. 엘리베이터는 이쪽입니다.

---- 단어 정리 ----

石川(**いしがわ**): 이시가와(人名)　　　　カウンター: 카운터

部屋(**へや**): 객실, 방　案内(**あんない**): 안내　　かばん: 가방

だけ: ～뿐, 만　　ゴルフセット: 골프세트　　きいろい: 노란색

バッグ(bag): 백　　エレベーター(elevator): 엘리베이터

ベルマン: ようこそ ソウル・ホテルへ おこし 下さいました。

ほそかわ: こんばんは。

ベルマン: おにもつを かくにん して 下さい。おまちがい ございませんか。

ほそかわ: そうです。その 3つです。

ベルマン: ルームへ ごあんない いたします。こちらへ どうぞ。

ほそかわ: どうも すみません。

벨　　맨: 서울호텔에 오신 것을 환영합니다.

細　　川: 안녕하세요.

벨　　맨: 짐을 확인해 주십시오. 틀림없습니까?

細　　川: 그래요. 그것 3개예요.

벨　　맨: 객실로 안내해 드리겠습니다.

細　　川: 고맙습니다.

------ 단어 정리 ------

細川(**ほそかわ**): 호소가와(人名)　　確認(**かくにん**): 확인

間違い(**まちがい**): 잘못, 틀림　　**ルーム**(Room): 객실

どうも すみません: 매우 미안합니다(여기서는 '고맙습니다'의 뜻)

ベルマン: どうぞ さきに おはいリ 下さい。 おきゃくさまの おへやは 7か
　　　　いで ございます。 どうぞ(おりて 下さいませ)。
ふるかわ: どうも。
ベルマン: 7012 ごうしつは ごちらで ございます。 7階の ひじょうぐちは
　　　　あちらで ございます。 ここが おへやで ございます。 ドアは じ
　　　　どうロックですので、 へやを でるときは ぜひ キ─を おもちに
　　　　なって 下さい。

벨　맨: 먼저 타십시오. 손님의 방은 7층입니다. 내려 주십시오.
古　川: 고마워요.
벨　맨: 7012호실은 이쪽입니다. 7층 비상구는 저쪽입니다. (여기가 손
　　　님) 방입니다. 문은 자동으로 잠기기 때문에 방에서 나가실 때
　　　에는 꼭 키를 지참해 주십시오.

---- 단어 정리 ----

古川(**ふるかわ**): 후루가와(人名)	先に(**さきに**): 먼저
入る(**はいる**): 들다, 들어가다, 타다	降りる(**おりる**): 내리다
非常口(**ひじょうぐち**): 비상구	ドア(door): 도어, 문
自動(**じどう**): 자동	ロック(lock): 로크, 잠김
必ず(**かならず**): 반드시	キー(key): 열쇠(**かぎ**)
ぜひ: 꼭	

ベルマン: かんこくは はじめて いらっしゃいますか。

うちの: かんこくに きたのは これで にかいです。きょねんの はる いっ
かい きました。でも、こんかいは ともだちの すすめで このホテ
ルを えらびました。

ベルマン: ありがとうございます。

きっと お客様に ごまんぞく いただけると ぞんじます。

벨　맨: 한국에는 처음 오셨습니까?

内　野: 한국에 온 것은 이번으로 2번째입니다. 작년 봄에 한 번 왔었지
요. 하지만 이번에는 친구의 권유로 이 호텔을 선택했어요.

벨　맨: 감사합니다. 반드시 손님이 만족하시리라 믿습니다.

----- 단어 정리 -----

内野(**うちの**): 우치노(人名)　　　韓國(**かんこく**): 한국

去年(**きょねん**): 작년　　春(**はる**): 봄　　今回(**こんかい**): 이번

選ぶ(**えらぶ**): 선택하다, 고르다　　滿足(**まんぞく**): 만족

存じる(**ぞんじる**): '알다, 생각하다'의 겸사말

사례 05

ベルマン: おきゃくさまは にほんの どちらから いらっしゃいましたか。

たけした: なごやです。

ベルマン: あ～。そうですか。かんこうで いらっしゃいましたか。

たけした: いいえ、ビジネスで きました。あの、しょるいの コピーする
ものが ありますが。

ベルマン: ああ、そうですか。コピーは ビジネス・センターで できます。

벨　　맨: 손님은 일본의 어디에서 오셨습니까?

竹　　下: 나고야(名古屋)예요.

벨　　맨: 네～. 그렇습니까? 관광으로 오셨습니까?

竹　　下: 아니에요. 사업차 왔어요. 저, 서류 복사할 것이 있는데…….

벨　　맨: 네, 그렇습니까? 복사는 비즈니스 센터에서 할 수 있습니다.

---- 단어 정리 ----

竹下(たけした): 다케시타(人名)　　日本(にほん、にっぽん): 일본

いらっしゃる: 오시다　　名古屋(なこや): 나고야(일본 제3의 도시)

觀光(かんこう): 관광　　ビジネス(business): 비즈니스, 사업

書類(しょるい): 서류　　コピー: 복사(copy)

ビジネス・センター: 비즈니스 센터

むらかみ: あかるくて しずかな へやですね。

ベルマン: ありがとうございます。バスは あちらで ございます。私どもの
　　　　 ホテルの かくかいには みっつの ひじょうぐちが あります。
　　　　 りょうはしと ちゅうおうに ございます.このカーテンを あけま
　　　　 すと ソウル しないの けしきが みえます。あちらに みえるの
　　　　 が ソウルタワー です。

むらかみ: どうも。これは すくない けれど チップです。

ベルマン: いいえ。せっかくですが、けっこうでございます。では、ごよう
　　　　 の さいには および下さい。

村　　上: 밝고 조용한 방이군요.

벨　　맨: 감사합니다. 여기 욕실은 저쪽입니다. 저희 호텔의 각 층에는 3
　　　　 개의 비상구가 있습니다. 양쪽 끝과 중앙에 있습니다. 이 커튼을
　　　　 열면 서울 시내의 경치가 보입니다. 저쪽에 보이는 것이 서울타
　　　　 워입니다.

村　　上: 고마워요. 이것은 적지만 팁이에요.

벨　　맨: 아닙니다. 생각해서 주셨지만 괜찮습니다. 그럼, 용건이 있을 때
　　　　 에는 불러 주십시오.

村上(**むらかみ**)：무라카미(人名)	明るい(**あかるい**)：밝은, 밝다
バス(bath)：목욕탕, 욕실	各階(**かくかい**)：각층
兩(**りょう**)：양	端(**はし**)：끝, 끄트머리
中央(**ちゅうおう**)：중앙	**カーテン**：커튼
景色(**けしき**)：경치	**タワー**：타워
チップ：팁	**せっかく**：모처럼
用(**よう**)：용건	際(**さい**)：때, 즈음

ベルマン: これは エアコンの ちょうせつの スイッチでございます。しつお
んの こう・ちゅう・ていは ボタンで ちょうせつしてください。
いしはら: はい。
ベルマン: これは きゃくしつ しょうめいの スイッチでございます。しょ
うめいは セントラル システムでは ございませんので、スイッチ
を おつかい ください。
いしはら: わかりました。どうも ありがとう。

벨　맨: 이것은 에어컨 조절 스위치입니다. 실내 온도의 고・중・저는 버
튼으로 조절해 주세요.
石　原: 네.
벨　맨: 이것은 객실조명 스위치입니다. 조명은 집중제어가 아니니 스위
치를 사용해 주십시오.
石　原: 알겠습니다. 고마워요.

──── 단어 정리 ────

石原(**いしはら**): 이시하라(人名)　　**エアコン**: 에어컨
調節(**ちょうせつ**): 조절　　　　　室溫(**しつおん**): 실내온도
高(**こう**)・中(**ちゅう**)・低(**てい**): 고・중・저　**ボタン**: 버튼
客室照明(**きゃくしつ しょうめい**): 객실조명　　**スイッチ**: 스위치
セントラルシステム: 센트럴 시스템, 집중제어　使う(**つかう**): 사용하다

사례 08

やまぐち: しない でんわを かける ときは?

ベルマン: はい、まず グイアル 9番を さきに おして それから あいての
でんわばんごうを 押して ください。

やまぐち: こくさい でんわは?

ベルマン: こくさい でんわは いちおう オペレーターに おたのみ くださ
い。ここに あんないが ございますので。

やまぐち: ああ、そう。わかりました。

山　　口: 시내전화는 어떻게 합니까?

벨　　맨: 네, 먼저 다이얼 9번을 누르고, 그러고 나서 상대방의 전화번호
를 눌러 주십시오.

山　　口: 국제전화는?

벨　　맨: 국제전화는 일단 교환수에게 신청해 주십시오. 여기에 안내서가
있습니다.

山　　口: 아, 그래요? 알겠습니다.

단어 정리

山口(**やまぐち**): 야마구치(人名)	市内電話(**しないでんわ**): 시내전화
グイアル: 다이얼	先(**さき**)に 押(**お**)して: 먼저 누르고
相手(**あいて**): 상대(방)	番号(**ばんごう**): 번호
押す(**おす**): 누르다	國際電話(**こくさいでんわ**): 국제전화
オペレーター: 오퍼레이터, 교환수	案内(**あんない**): 안내, 案
內書(**あんないしょ**)	

く ぼ だ: (ノックにこたえる) はい、どちらさま ですか。

ベルマン: ベルマンでございます。

く ぼ だ: はい どうぞ。

ベルマン: おまたせ いたしました。おきゃくさまの おにもつは これで ぜ
んぶ ですか。く ぼ だ: はい、そうです。

ベルマン: この おおきい かばんは どこに おきますか。

く ぼ だ: そこに お願い します。

久保田: (노크에 답하다) 네, 누구시죠?

벨 맨: 벨맨입니다.

久保田: 네, 들어오세요.

벨 맨: 오래 기다리셨습니다. / 손님의 가방은 이것이 전부이십니까?

久保田: 네, 그렇습니다.

벨 맨: 이 큰 가방은 어디에 둘까요?

久保田: 거기에 두세요.

단어 정리

久保田(**くぼだ**): 구보다(人名)	ノック: 노크
答える(**こたえる**): 답하다	どちら様ですか: 누구십니까?
どちら様ですか=「**どなたですか**」「**だれですか**」	全部(**ぜんぶ**): 전부
大きい(**おおきい**): 큰 ↔ 小さい(**ちいさい**): 작은	

Part 4

프런트

프런트는 방문하는 고객의 예약 여부를 확인하여 예약고객인 경우 예약카드를 찾아 확인하고, 예약하지 않은 고객일 경우 객실 상황을 고려하여 고객이 필요로 하는 객실을 배정한다. 그리고 고객에게 숙박부를 작성하게 한다. 객실 배정이 끝나면 벨맨에게 고객의 이용 객실 열쇠를 건네주고 서비스 사항을 지시하여 준다. 고객에게 배달될 우편물·팩스 등을 분류하여 관련함에 투입한다. 호텔이용방법·쇼핑·식사·연회참석안내 등에 관한 투숙고객의 문의에 응답해 준다. 또한 고객이 보관을 의뢰한 귀중품을 금고나 보관함에 보관해 둔다. 신혼부부나 특별손님(VIP)을 위하여 축하용 꽃이나 샴페인을 준비하기도 한다. 또 객실 사용 중 고객 외출 시 객실 키의 보관, 호텔로 찾아온 고객의 손님 인적 사항, 면담 여부와 출입사항을 관리한다.

중요표현

よやく ございますか。

(예약 있으십니까?)

ごよやく なさいましたか。

(예약하셨습니까?)

よやくは でんわで なさいましたか。

(예약은 전화로 하셨습니까?)

よやくは どう なさいましたか。

(예약은 어떻게 하셨습니까?)

よやくの かくにんを して みます。

(예약을 확인해 보겠습니다.)

おそれいりますが よやく されておりません。

(죄송합니다만 예약되어 있지 않습니다.)

おなまえは なんですか。

(성함이 무엇입니까?)

おなまえを おねがい いたします。

(성함을 부탁합니다.)

どんな おへやが よろしいですか。

(어떤 방이 좋겠습니까?)

シングルルームでございます。

(싱글룸입니다.)

ダブルベッドでございます。

(더블침대입니다.)

ツインルームでございます。

(트윈룸입니다.)

なんにんさまですか。

(몇 분이십니까?)

なんぱくの ごよてい ですか。

(몇 박 예정이십니까?)

とうろくを おねがいします。

(등록을 부탁하겠습니다.)

もっと うえの かいは ございません。

(더 위층은 없습니다.)

중요표현

いま へやが ひとつしか ございません。

(지금 방이 하나밖에 없습니다.)

しはらいは どう なさいますか。

(지불은 어떻게 하시겠습니까?)

モーニング コールは なんじが いいですか。

(모닝콜은 몇 시가 좋습니까?)

ごしょめいを おねがい します。

(서명을 부탁합니다.)

これは おへやの かぎと ちょうしょくけんです。

(이것은 방 열쇠와 조식권입니다.)

チェック アウトは 12じです。

(체크아웃은 12시입니다.)

ここに メッセージが あります。

(여기에 메시지가 있습니다.)

とりに いきます。

(가지러 가겠습니다.)

ベルマンを いかせて みます。

(벨맨을 보내 보겠습니다.)

おへやに もって まいります。

(방에 가지고 가겠습니다.)

· **どのくらい ごたいざい ですか。**

· 어느 정도 체재하실 것입니까?

· **なんぱく おとまりに なりますか。**

· 며칠 머무르실 겁니까?

· **なんにんさまが おとまりに なりますか。**

· 몇 분이 머무르실 겁니까?

· **ひとりべやが ありますか。**

· 혼자 쓸 수 있는 방이 있습니까?

· **しずかなへやが ほしいですが。**

· 조용한 방을 원하는데요.

· **よやくなさった お客様の おなまえは なんと おっしゃいますか。**

· 예약하신 손님의 성함은 어떻게 되십니까?

　　---- 단어 정리 ----

滯在(**たいざい**): 체재　　　　　　　**とまる**(泊る): 숙박하다, 머무르다

ほしい(欲しい): ~하고 싶다, 바라다　　**なさる**: 하시다, **する**의 존경어

おっしゃる: 말씀하시다

· **おなまえは なんですか。**
· 성함은 무엇입니까?

· **どなたさまを つうじて ごよやく なさいましたか。**
· 어느 분을 통해서 예약하셨습니까?

· **あちらに しんかんの チェック・イン デスクが ございます。**
· 저쪽에 신관 체크인 데스크가 있습니다.

· **おそれいりますが、チェック・インを あちらで おねがい いたします。**
· 죄송합니다만, 체크인은 저쪽에서 해 주십시오.

· **どのような タイプの おへやで なんぱくに なさいますか。**
· 어떤 타입의 방에서 몇 박 머무르실 겁니까?

· **おへやは なんしつ ごりよう ですか。**
· 방은 몇 실 이용하실 겁니까?

단어 정리

恐れ入る(**おそれいる**)：죄송하다, 황송하다　　　**タイプ**：타입, 유형
チェック・イン：체크인

· みなみ むきの おへやと きた むきの おへやがございますが、どちらに
　いたしましょうか。
· 남향 방과 북향 방이 있는데, 어느 것으로 하시겠습니까?

· ごよやくは どのように おもうしこみに なりましたか。
· 예약은 어떻게 신청하셨습니까?

· ごいっこう(だんたい)の ひこうきは なんびんでございますか。
· 일행(단체)의 비행기 편은 어떻게 됩니까?

····· 단어 정리 ·····

大きな(おおきな): 큰 ↔ 小さな(ちいさな): 작은　　ベット: 베드, 침대

シングル: 싱글　　　　南(みなみ): 남　　　　向き(むき): ~향

北(きた): 북　　　　　　一行(いっこう): 일행

飛行機(ひこうき): 비행기　　何便(なんびん): 몇 편

・みなさま なんじに とうちゃくでございますか。
・모두 몇 시에 도착하십니까?

・とうちゃくが しょうご すぎなら なんじでも けっこうです。
・도착하시는 것이 정오 이후면 몇 시라도 좋습니다.

・もうしわけございません。もう　オーバーブッキングのため、ごよやくを おうけ いたして おりません。
・죄송합니다. 벌써 초과예약으로 예약을 받을 수가 없습니다.

・もうしわけございません。ぜんかん　まんいんですので、あたらしい よやくを おうけ いたして おりません。
・죄송합니다. 전관이 꽉 차서 더 이상 예약을 받고 있지 않습니다.

・どちらか ほかの ホテルを いかがでしょうか。
・어딘가 다른 호텔을 (예약하시는 게) 어떠신지요?

···· 단어 정리 ····

倒着(**とうちゃく**): 도착　　　正午(**しょうご**): 정오　　過ぎ(**すぎ**): 지남
オーバーブッキング: 오버부킹, 초과예약　　　　受ける(**うける**): 받다
全館(**ぜんかん**): 전관(모든 관)　　　満員(**まんいん**): 만원
新しい(**あたらしい**): 새로운 ↔ 古い(**ふるい**): 낡은, 오랜, 옛것
他(**ほか**): 다른　　　　　　　　**どちらか**: 어딘가

· **おへやは みっかかんは かくじつに ようい できます。**
· 방은 3일 동안 확실하게 준비할 수 있습니다.

· **おしはらいは どう なさいますか。**
· 지불은 어떻게 하시겠습니까?

· **にじごろに おへやの よういが できますので、その じかんに なりまし
  たら、この キーカードを フロントの しょくいんに おみせください。**
· 2시경에 방 준비가 되므로 그 시간이 되면 이 키 카드를 프런트 직원에
  게 보여 주십시오.

· **その ときに かぎを おわたし いたします。**
· 그때 열쇠를 건네 드리겠습니다.

단어 정리

3日間(**みっかかん**): 3일간	確實に(**かくじつに**): 확실히
用意(**ようい**): 준비	支拂い(**しはらい**): 지불
精算(**せいさん**): 정산, 계산	2時比頃(**にじごろ**): 2시경
キーカード: 열쇠카드　**フロント**: 프런트　職員(**しょくいん**): 직원
見せる(**みせる**): 보이다	鍵(**かぎ**): 열쇠, **キー**

· **すみませんが、おへやの そうじが おわる ときまで おまち ください。**
· 죄송합니다만, 방 청소가 끝날 때까지 기다려 주십시오.

· **もし ふべんなことが ありましたら ごえんりょなく フロント・デスク
  に れんらく して ください。**
· 만약 불편한 점이 있으시면 사양 마시고 프런트 데스크로 연락 주십시오.

····· 단어 정리 ·········

掃除(**そうじ**): 청소　　　終**わる**(**おわる**): 끝나다　　　**もし**: 만약

不便**だ**(**ふべんだ**): 불편하다　　　連絡(**れんらく**): 연락

フロント: いらっしゃいませ。ソウル・ホテルへ おこし 下さいまして あ
　　　　 りがとうございます。おなまえは なんですか。
よしだ: よしだすすむですが、へやは とって ありますか。
フロント: 少々 お待ち ください。はい、あります。がいの 305ごうしつ
　　　　 です。キー・カードを どうぞ。

프런트: 어서 오십시오. 서울호텔에 오신 것을 환영합니다. 성함은 무엇입
　　　 니까?
吉　田: 吉田進라고 합니다만, 방은 예약되어 있습니까?
프런트: 잠시 기다려 주십시오. 네, 있습니다. 3층에 305호실입니다. 키
　　　 카드를 받으십시오.

---- 단어 정리 ----

レジカード(registration card): 숙박등록카드=宿泊登錄(しゅくはくとうろく)カード
名前(なまえ): 성함　　記入(きにゅう): 기입
キー・カード: key card　号室(ごうしつ): 호실

フロント: いらゃっしゃいませ。 どのくらい おとまりでございますか。

いけだ: ふつかかん、 とまりたいんですが。

フロント: はい、 かしこまりました。 どうぞ、 レジカードの きにゅうを お
　　　　　願い いたします。

프런트: 어서 오십시오. 어느 정도 머무르실 것입니까?

池　田: 이틀간 머무를 예정인데요.

프런트: 네, 알겠습니다. 숙박등록카드에 기입해 주십시오.

　　　 단어 정리

池田(**いけだ**): 이케다(人名)	記入(**きにゅう**): 기입
どのくらい: 어느 정도	二日間(**ふつかかん**): 이틀간

フロント: おはようございます。よやくは なさいましたか。

おおの: ええ、りょこうしゃから。

フロント: どの りょこうしゃを つうじて ごよやく なさいましたか。

おおの: みた りょこうしゃです。

フロント: よやく かくにんしょを おもちで いらっしゃいますか。

おおの: いや、なにも もらってないけど。

フロント: どなたさま でしょうか。

おおの: おの ひろしです。

フロント: 少々 お待ち 下さい。とうきょうからの おのさまで いらっ
しゃいますか。

おおの: そうです。

フロント: ここに せいねんがっぴと パスポート・ナンバーと じゅうしょを
ごきにゅう 下さいまして、ここに サインを お願い 致します。

프런트: 안녕하십니까? 예약하셨습니까?

大 野: 네, 여행사로부터.

프런트: 어느 여행사를 통해서 예약하셨습니까?

大 野: 三田여행사인데요.

프런트: 예약확인서를 갖고 계십니까?

大 野: 아닌데요. 아무것도 받고 있지 않은데요.

프런트: 성함이 어떻게 되십니까?

大 野: 오노 히로시입니다.

프런트: 잠시 기다려 주십시오. 동경에서 오신 大野 씨 되십니까?

大　野: 그렇습니다.

프런트: 여기에 생년월일과 여권번호, 주소를 기입해 주시고, 여기에 사인
　　　　해 주십시오.

단어 정리

通じる(**つうじる**) : 통하다	大野(**おおの**) : 오오노(人名)
東京(**とうきょう**) : 동경	生年月日(**せいねんがっぴ**) : 생년월일
パスポート : 패스포트(여권)	**ナンバー** : 넘버
住所(**じゅうしょ**) : 주소	**サイン** : 사인

フロント: ごよやくの どおり、ダブルの おへやを ようい して おりますが。
うえの: すみません。ダブルを ツインに かえられませんか。
フロント: あいにく 本日は まんしつでございまして…。もうしわけあり
　　　　　ません。

프런트: 예약하신 대로 더블룸을 준비해 두었습니다만.
上　野: 미안합니다만, 더블을 트윈으로 바꿀 수 없을까요?
프런트: 마침 오늘은 빈방이 없는데요. 죄송합니다.

　　　── 단어 정리 ─
〜の通り（どおり）: 〜대로　　　　　ダブル: 「ダブルルーム」의 준말, 더블룸
ツイン: 「ツインルーム」의 준말, 트윈룸
本日（ほんじつ）: 「今日（きょう）」(오늘)의 격식 차린 말
滿室（まんしつ）: 만실, 방이 꽉 참

フロント: ホテル・ソウルに ようこそ おこし 下さいました。お客様の
　　　　 よやくは しんかんの ツインを 2めいさまで さんぱくで ござ
　　　　 いますね。
よしだ: はい、そうです。
フロント: すぐ お部屋まで ご案内 いたします。お荷物は ベルマンが お
　　　　 部屋に おとどけ いたします。ごゆっくり どうぞ。

프런트: 서울호텔에 오신 것을 환영합니다. 손님의 예약은 신관의 트윈을
　　　　 두 분이 3박 숙박하시는 것으로 되어 있습니다.
吉　田: 네, 그렇습니다.
프런트: 곧, 방까지 안내해 드리겠습니다. 짐은 벨맨이 방까지 가져다 드
　　　　 립니다. 편히 쉬세요.

단어 정리

新館(しんかん): 신관　　　　3泊(**さんぱく**): 3박　　　　**ツイン**(twin): 트윈

사례 06

フロント: おはようございます。

まえだ: きっては どこで うってますか。

フロント: あちらの カウンターでございます。

まえだ: ありがとう。

프런트: 안녕하십니까?

前　田: 우표는 어디서 팔고 있습니까?

프런트: 저쪽 카운터입니다.

前　田: 감사합니다.

むらた: みんぞくむらに 行くには どうしたら よいですか。
フロント: りょこうしゃの かんこう バスを ご利用 ください。りょこう
しゃが てはいを いたします。りょこうしゃの オフィスは 3が
いに ございます。
むらた: その みんぞくむらには どんな みものが ありますか。
フロント: りおうちょうじだいの きぞく(ヤンバン)と へいみんの ふうぞ
くが そのまま さいげん されて います。また、じっさいの 人
たちも とうじの すがた そのままで せいかつを して います。
むらた: それは ひじょうに きょうみぶかそうな ところですね。どうも あ
りがとう。

村　田: 민속촌에 가려는데 어떻게 하면 좋습니까?
프런트: 여행사의 관광버스를 이용해 주십시오. 여행사에서 수배하고 있
습니다. 여행사의 사무실은 3층에 있습니다.
村　田: 그 민속촌에는 볼만한 게 어떤 게 있습니까?
프런트: 이 왕조시대 때 귀족(양반)과 평민의 풍속이 그대로 재현되어 있습
니다. 또한 실제 사람들도 그때의 그 모습대로 생활하고 있습니다.
村　田: 무척 흥미로운 곳이군요. 고마워요.

사례 07

民俗村(**みんぞくむら**): 민속촌　　　　良い(**よい**): 좋은, 좋다

手配(**てはい**): 수배　**オフィス**: 오피스, 사무실　3階(**さんがい**): 3층

見物(**みもの**): 구경거리, 볼만한 것, (**けんぶつ**)구경함, 유람

李王朝(**りおうちょう**): 이씨 왕조, 조선　　時代(**じだい**): 시대

貴族(**きぞく**): 귀족　**ヤンバン**: 양반　　平民(**へいみん**): 평민

風俗(**ふうぞく**): 풍속　再現(**さいげん**): 재현　實際(**じっさい**): 실제

当時(**とうじ**): 당시　生活(**せいかつ**): 생활　非常に(**ひじょうに**): 매우, 꽤

興味(**きょうみ**): 흥미　深い(**ふかい**): 깊은, 깊다

きむら: どこかで よい えいがが ありますか。
フロント: こちらに えいがの ご案内が ございます。
きむら: その げきじょうへは どう 行ったら よいですか。
フロント: ドア・マンに きいて 下さい。かれが おしえます。
きむら: ありがとう。

木　村: 어디에서 좋은 영화를 하고 있습니까?
프런트: 여기에 영화 안내가 있습니다.
木　村: 이 영화관에는 어떻게 가면 좋습니까?
프런트: 도어맨에게 물어봐 주십시오. 그가 가르쳐 줄 겁니다.
木　村: 감사합니다.

단어 정리

映畵(**えいが**): 영화　　　　　劇場(**げきじょう**): 극장

金: いわた たかこ さんの お部屋番号を お願い します。

デスク: はい、いわたさんは 1672号室に お泊りでございます。いわたさ
んは ただ今 がいしゅつでございます。なにか メッセージを お
つたえ いたしましょうか。

金: 岩田貴子 씨의 방 번호를 알고 싶은데요.

데스크: 네, 岩田 씨는 1672호실에 머물고 계십니다. 岩田 씨는 지금 외출
중입니다. 전할 메시지가 있으십니까?

단어 정리

岩田貴子(いわたたかこ): 이와타 다카코(人名)

外出(がいしゅつ): 외출　　　　　　　　메ッセージ: 메시지

なかの: おみやげを かいたいんですが、めんぜいてんは どこですか。
デスク: デパートは この ホテルの となりの ビルで、11かいに めんぜい
　　　　てんが ございます。そこでは 韓國の てんとうてきな ものから
　　　　せかい ゆうめい ブランドまで いろいろ ございます。

中　野: 선물을 사고 싶은데, 면세점은 어디입니까?
데스크: 백화점은 이 호텔 옆 건물이고, 11층에 면세점이 있습니다. 그곳
　　　　에는 한국 전통적인 물건부터 세계 유명 브랜드까지 여러 가지가
　　　　있습니다.

----- 단어 정리 -----

中野(**なかの**): 나카노(人名)　　　土産(**みやげ**): 선물　　　買う(**かう**): 사다
免税点(**めんぜいてん**): 면세점　　デパート: 백화점　　　ビル: 빌딩
伝統的(**てんとうてき**): 전통적　　世界(**せかい**): 세계
有名(**ゆうめい**): 유명　　　　　　ブランド: 브랜드, 상표
色々(**いろいろ**): 여러 가지

Part 5

프런트 캐셔

호텔업에서 객실사용료·식대·주대 및 기타 서비스의 대가로 고객이 지불하는 현금·신용카드 등을 금전등록기에 입력·계산하여 주는 요금 정산원을 프런트 캐셔라고 한다. 정리업무의 정확성을 기하기 위하여 금전 등록키의 영수증과 총액을 비교하고, 과세·비과세 등 매출을 확인·집계하여 세무 기초 자료를 준비한다. 신용카드인 경우에는 고객의 신용상태를 조회기를 사용하여 조회하며, 영수증 사인과 카드의 사인을 확인하고 이용금액을 기재하여 영수증을 발급한다. 수표인 경우는 신분증을 제시받아 신용 여부를 확인하고 차액과 영수증을 발급한다. 일일매출표를 작성하고 현금입금표를 작성하여 현금과 함께 입금한다. 카드 영수증과 일반 후불은 따로 집계하여 입금시키고 발생된 전표 등을 정리한다. 마지막으로 수납된 자금의 총계를 낸다.

중요표현

おへやの かぎを いただけますか。

(방 열쇠를 주시겠습니까?)

しょうしょう おまちください。

(잠시만 기다려 주십시오.)

ちょうしょくは なさいましたか。

(조식은 하셨습니까?)

いま けいさん いたします。

(지금 계산하겠습니다.)

35,000えんに なります。

(35,000엔입니다.)

しはらいは どう なさいますか。

(지불은 어떻게 하시겠습니까?)

しはらいは げんきんですか、カードですか。

(지불은 현금입니까? 카드입니까?)

どんな カードでしょうか。

(어떤 카드입니까?)

これが りょうしゅうしょです。
(이것이 영수증입니다.)

こちらに しょめいを おねがいします。
(여기에 서명을 부탁합니다.)

· **おかんじょうは ごうけい 60,542ウォンでございます。**
· 계산은 합계 60,542원입니다.

· **何時に ごしゅっぱつでございますか。**
· 몇 시에 출발하실 겁니까?

· **きょう、おしょくじ、おのみものを おとりに なりましたか。**
· 오늘, 식사나 음료를 드셨습니까?

· **けさ、何か ごちょうしょくを おとりに なりましたか。**
· 오늘 아침 조식을 드셨습니까?

· **どこの レストランで ちょうしょくを おとりに なりましたか。**
· 어느 레스토랑에서 조식을 드셨습니까?

단어 정리

勘定(**かんじょう**): 계산, 셈   出發(**しゅっぱつ**): 출발
今朝(**けさ**): 오늘 아침

· **きょう、何か ほかに おとりに なりましたか。**
· 오늘 그 밖에 뭔가 드셨습니까?

· **おへやの キーを いただきます。**
· 방 열쇠를 받겠습니다.

· **ごしゅっぱつ 前に ルームキーを フロントへ おかえし くださいませ。**
· 출발 전에 열쇠를 프런트에 반환해 주십시오.

· **おかんじょうは げんだい きぎょうが お支拂い くださることに なって
  おりますので、こちらに サインを お願い いたします。**
· 계산은 현대기업이 지불하기로 되어 있기 때문에 여기에 사인해 주십시오.

· **こちらに ひつよう じこうを ごきにゅう ください。**
· 여기에 필요사항을 기입해 주십시오.

···· 단어 정리 ····

～いただきます: 받겠습니다	**ルームキー**: 룸 키
フロント: 프런트　**必要(ひつよう)**: 필요	**事項(じこう)**: 사항

- **わたしどもは いろいろな クレジットカードを おとりあつかい して おります。**
- 저희는 여러 가지 크레디트 카드를 취급하고 있습니다.

- **クレジット ようしに ごしょめい 下さいませ。**
- 크레디트 용지에 서명해 주십시오.

- **もうしわけございませんが、このカードは もう きげんきれと なって おりますので ごしように なれません。**
- 죄송합니다만, 이 카드는 벌써 기간이 끝나서 사용할 수 없습니다.

- **この ホテル クーポンは へやだいのみになって おりますので、サービスりょうと ぜいきんだけ お支拂い 下さいませ。**
- 이 호텔쿠폰은 객실요금에 한정되어 있어서 서비스 요금과 세금만 지불해 주십시오.

단어 정리

クレジットカード: 크레디트 카드		**とりあつかい**: 취급
用紙(**ようし**): 용지	署名(**しょめい**): 서명	期限(**きげん**): 기한　**クーポ**
ン: 쿠폰	税金(**ぜいきん**): 세금	

· **おへやだいと しょくじ りょうきんは りょこうしゃばらいになって おりますが、それいがいの ものは ごほんにんばらいでございます。**

· 객실요금과 식사요금은 여행사 지불로 되어 있어서 그 이외 것은 본인 부담입니다.

· **こうくう かいしゃ クーポンは おしゅるいを ふくんで おりません。**

· 항공회사 쿠폰은 주류를 포함하고 있지 않습니다.

· **おへやだいに ついては ルーム クラークに おたずね 下さい。**

· 객실요금에 대해서는 룸 클릭에게 문의해 보십시오.

· **ごしゅっぱつの よてい へんこうに ついては ルーム クラークにも お知らせ くださいませんか。**

· 출발 예정 변경은 룸 클릭에도 알려 주십시오.

    단어 정리

以外(**いがい**): 이외	本人(**ほんにん**): 본인, 자기
酒類(**しゅるい**): 주류, 술 종류	**ルーム・クラーク**: 룸 클릭
予定(**よてい**): 예정	変更(**へんこう**): 변경

かわむら: チェック・アウトは なんじ ですか。

デスク: チェック・アウト・タイムは しょうご まえと なって おります。
　　　　 チェック・アウト時間を すぎると ちょうか りょうきんを いただ
　　　　 く ことになって おります。

川　村: 체크아웃은 몇 시입니까?

데스크: 체크아웃은 오전 열두 시 이전으로 되어 있습니다. 체크아웃 시
　　　　간을 넘으면 초과요금을 받게 되어 있습니다.

川村(**かわむら**): 카와무라(人名)　　　正午(**しょうご**): 정오　　　前(**まえ**): 전
超過料金(**ちょうかりょうきん**): 초과요금　　　過ぎる(**すぎる**): 지나다, 초과하다

さかもと: いちにち間の へやだいは いくらですか。

キャッシャー: いっぱくで 12万ウォンです。

さかもと: その りょうきんは しょくじ こみですか。

キャッシャー: いいえ。へやだいは 10%の サーヒスりょうと 10%の ぜい
きんが かさん されます。

坂　　本: 하루 방값은 얼마입니까?

캐　　셔: 1박에 12만 원입니다.

坂　　本: 그 요금에는 식사가 포함되어 있습니까?

캐　　셔: 아닙니다. 방값은 10%의 서비스요금과 10%의 세금이 가산됩니다.

---- 단어 정리 ----

坂本(**さかもと**): 사카모토(人名)　　部屋代(**へやだい**): 방값

税金(**ぜいきん**): 세금　　加算(**かさん**): 가산

キャッシャー: おはようございます。

のぐち: チェック・アウト お願い します。

キャッシャー: かしこまりました。おへやの キーを いただけますか。ただいま けいさん いたしますので 少々 お待ち ください。お待たせ いたしました。おしはらい(せいさん)は どのように なさいますか。げんきんで なさいますか、それとも クレジット・カードで なさいますか。

のぐち: げんきんで します。えんで はらえますか。

キャッシャー: はい、けっこうです。4万2千圓に なります。

のぐち: はい、これで。

キャッシャー: こちらが りょうしゅうしょ です。ありがとうございました。また おこし ください。

캐　　셔: 안녕하세요?

野　　口: 체크아웃 부탁합니다.

캐　　셔: 알겠습니다. 방 열쇠를 주시겠습니까? 계산해 드리겠으니 잠시만 기다려 주십시오. 오래 기다리셨습니다. 지불은 어떻게 하시겠습니까? 현금으로 하시겠습니까? 카드로 하시겠습니까?

野　　口: 현금으로 하겠어요. 엔화로 지불할 수 있습니까?

캐　　셔: 네, 좋습니다. 4만 2천 엔이 되겠습니다.

野　　口: 네, 여기 있습니다.

캐　　셔: 이것이 영수증입니다. 감사합니다. 또 들러 주십시오.

---- 단어 정리 ----

野口(**のぐち**)：노구치(人名)　　　支拂い(**しはらい**)：지불

精算(**せいさん**)：정산　　　クレジット・カード：크레디트 카드

領收書(**りょうしゅうしょ**)：영수증

사례 04

キャッシャー: いらっしゃいませ。

うえの: りょうがえ して もらえますか。

キャッシャー: かしこまりました。この ようしに ごきにゅう お願い します。こちらに ごしょめいと その したに りょけん ばんごうを お願い します。

うえの: はい。これで いいですか。

キャッシャー: かしこまりました。3万円を ウォンに ごりょうがえでございますね。

うえの: そうです。

캐　셔: 어서 오십시오.

上　野: 환전할 수 있습니까?

캐　셔: 네. 이 용지에 기입해 주십시오. 여기에 서명하시고 그 밑에 여권번호를 써 주십시오.

上　野: 네, 이렇게 하면 됐습니까?

캐　셔: 네. 3만 엔을 원으로 환전하시는 것이군요.

上　野: 그렇습니다.

記入（**きにゅう**）: 기입　　　　　　用紙（**ようし**）: 용지
署名（**しょめい**）: 서명(=**サイン**)

キャッシャー: **おはようございます。**
よしだ: 337ごうしつの　よしだです。きょう　でる　よていですが、わたし
　　　　　の　ビルは　いくらに　なって　いますか。
キャッシャー: 少々　**おまち　ください。**ごうけい 350,540ウォンでござい
　　　　　ます。きょう 何か　レストランで　サイン　なさいましたか。
よしだ: はい、ちょうしょくを　とったけど。
キャッシャー: では、350,540ウォンを　すこし　うわまわると 存じます。

캐　　셔: 안녕히 주무셨습니까?
吉　　田: 337호실에 吉田입니다. 오늘 체크아웃 예정인데, 저희의 계산서는
　　　　　얼마나 됩니까?
캐　　셔: 잠시 기다려 주십시오. 합계 350,540원입니다. 오늘 레스토랑에
　　　　　서 사인하셨습니까?
吉　　田: 네, 조식을 먹었는데요.
캐　　셔: 그럼, 350,540원을 조금 넘을 것입니다.

----- 단어 정리 -----

合計(**ごうけい**): 합계	朝食(**ちょうしょく**): 아침 식사. 조반
とる: 잡다. 취하다. 먹다	上回**る**(**うわまわる**): 상회하다. 많아지다
ビル: 계산서. 청구서	

Part 6

안 내 데 스 크

호텔의 안내데스크는 고객이 알고자 하는 정보를 제공하는 곳이다. 호텔 이용객의 눈에 잘 띄는 로비에 위치하였으며, 호텔 내의 시설물 이용이나 그 외의 관광지 종류·특색, 교통편 또는 고객이 직접 둘러보고 싶은 곳의 지도(약도)를 제공한다. 또 잠시 동안의 짐 보관, 각종 교통편의 시간대와 일정, 이용요금, 쇼핑 안내와 유의점, 환전 안내, 다른 공공시설물 이용 안내와 위치 등 고객 의뢰 정보를 보다 알기 쉽고 친절하게 제공할 수 있도록 유인물을 배치해야 한다. 컴퓨터상의 인터넷 정보 검색 요령 등을 알려 주는 등 관광 또는 여행자의 편의를 제공하도록 한다.

중요표현

ちかに あります。

(지하에 있습니다.)

ひだりに まがると すぐです。

(왼쪽으로 돌면 바로 나옵니다.)

まっすぐ いくと みぎがわに あります。

(곧장 가면 오른쪽에 있습니다.)

タクシーで じゅっぷん ぐらいです。

(택시로 10분 정도입니다.)

わたしが ごあんない いたします。

(제가 안내해 드리겠습니다.)

わたしに ついて きて ください。

(저를 따라오십시오.)

ひじょうぐちは あそこでございます。

(비상구는 저쪽입니다.)

おつなぎ いたします。

(연결해 드리겠습니다.)

どなたさまですか。

(어느 분입니까?)

ちょっと せきを はずして おります。

(잠시 자리를 비우고 있습니다.)

どなたさまを さがしますか。

(어느 분을 찾습니까?)

なにか でんごんでも ございますか。

(무슨 전할 말이라도 있습니까?)

いま はなしちゅうで ございます。

(지금 통화 중이십니다.)

· りょうがえと きちょうひんの ほかんは あちらの キャッシャーの ほう
で おねがい いたします。

· 환전과 귀중품 보관은 저쪽 캐셔에서 하실 수 있습니다.

· くうこう ゆきの シャトルバスの ごよやくは ホテル ないせん さんば
んでございます。

· 공항행 셔틀버스 예약은 호텔 내선 3번입니다.

· くうこう ゆきの シャトルバスは まいあさ 6時から 15分ごとに ごご 8
時 30分まで あります。

· 공항행 셔틀버스는 매일 아침 6시부터 15분 간격으로 오후 8시 30분까
지 있습니다.

· チケットは フロント・デスクで かえます。

· 티켓은 프런트 데스크에서 사실 수 있습니다.

· コーヒーショップは ロービの つきあたりの みぎがわに あります。

· 커피숍은 로비 끝 오른쪽에 있습니다.

단어 정리

場所(ばしょ): 장소	案内(あんない): 안내
貴重品(きちょうひん): 귀중품	キャッシャー: 캐셔
シャトルバス: 셔틀버스	内線(ないせん): 내선
每朝(まいあさ): 매일 아침　ごと: 마다	チケット: 티켓
つきあたり: 막다른 곳, 막힌 곳	右側(みぎがわ): 우측

・ロビー・ラウンジは ロビーの ひだりがわに ございます。
・로비 라운지는 로비 왼편에 있습니다.

・デパートの えいぎょう じかんは ごぜん 10時 30分から ごご 7時 30分
 までです。
・백화점 영업시간은 오전 10시 30분부터 오후 7시 30분까지입니다.

・だんたいの チェックイン・デスクは 2かいに ございます。
・단체 체크인 데스크는 2층에 있습니다.

・ヘルスクラブは ほんかんの 3がいに ございます。
・헬스클럽은 본관 3층에 있습니다.

・だんせいよう サウナは しんかん 12かいに ございます。
・남성용 사우나는 신관 12층에 있습니다.

・サウナは まいしゅう げつようびが ていきゅうびです。
・사우나는 매주 월요일이 정기 휴일입니다.

단어 정리

ロビー・ラウンジ: 로비라운지	左側(**ひだりがわ**): 좌측
デパート: 백화점	營業(**えいぎょう**): 영업
チェックイン・デスク: 체크인 데스크	**ヘルスクラブ**: 헬스클럽
本館(**ほんかん**): 본관	**サウナ**: 사우나
男性用(**だんせいよう**): 남성용 ↔ 女性用(**じょせいよう**): 여성용	
新館(**しんかん**): 신관　每週(**まいしゅう**): 매주	
月曜日(**げつようび**): 월요일	定休日(**ていきゅうび**): 정기 휴일

いけだ: すみません。インフォメーション・デスク(あんない)は どこですか。
デスク: ロービに ございます。お入りになって ひだりでございます。
いけだ: ありがとう。

池　田: 저, 안내소는 어디입니까?
데스크: 로비에 있습니다. 들어가셔서 왼쪽입니다.
池　田: 고맙습니다.

------ 단어 정리 ------
インフォメーション・デスク: 인포메이션 데스크　　　　**ロビー**: 로비

たなか: ちかてつは どう 行ったら いいでしょうか。
デスク: ここを まっすぐ いらっしゃって 右に まがると、ちかてつの い
　　　　りぐちが あります。
たなか: ありがとう。

田　中: 지하철은 어떻게 가면 될까요?
데스크: 여기에서 똑바로 가셔서 오른쪽으로 돌면, 지하철 입구가 나옵니다.
田　中: 감사합니다.

------ 단어 정리 ------

地下鐵(**ちかてつ**): 지하철　　　　曲**がる**(**まがる**): 돌다, 구부러지다
入口(**いりぐち**): 입구　　　　　　出**る**(**でる**): 나오다

も　リ: なんだいもん いちばまで いきたいですが。タクシーを よんで も
　　　　らえますか。
デスク: はい、かしこまりました。うんてんしゅに もくてきちを いいま
　　　　しょうか。
も　リ: はい、おねがいします。じかんは どのくらい かかりますか。
デスク: タクシーで じっぷんぐらいでございます。

　森　: 남대문시장까지 가고 싶은데요. 택시를 불러 주시겠습니까?
데스크: 네, 알겠습니다. 운전사(기사)에게 목적지를 이야기할까요?
　森　: 네, 부탁합니다. 시간은 어느 정도 걸릴까요?
데스크: 택시로 10분 정도 걸립니다.

---- 단어 정리 ----
森(**もリ**): 모리(人名)	南大門(**なんだいもん**): 남대문
市場(**いちば**): 시장　　行く(**いく**): 가다	**タクシー**: 택시
運轉手(**うんてんしゅ**): 운전사	目的地(**もくてきち**): 목적지
時間(**じかん**): 시간	10分(**じっぷん**): 10분

いしはら: この バッグを あずけたいんですが。ここで いいですか。
デスク: はい、こちらでございます。きちょうひんや こわれやすいものは
　　　　 ございませんか。
いしはら: はい、だいじなものは いれて ありません。
デスク: では、ふだを おつけ いたします。おにもつを とりに こられると
　　　　 き、必ず この ほかんしょを おもち ください。

石　原: 이 가방을 맡기고 싶은데요. 여기에 괜찮습니까?
데스크: 네, 여기서 받습니다. 귀중품이나 깨지기 쉬운 물건은 없습니까?
石　原: 네, 중요한 물건은 들어 있지 않습니다.
데스크: 그럼 표를 붙이겠습니다. 짐을 찾으러 오실 때, 반드시 이 보관서
　　　　 를 갖고 오십시오.

---- 단어 정리

シャトル・バス: 셔틀버스	無料(**むりょう**): 무료
運行(**うんこう**): 운행	石原(**いしはら**): 이시하라(人名)
バッグ: 가방	貴重品(**きちょうひん**): 귀중품
壊れ易い物(**こわれやすいもの**): 파손되기 쉬운 물건	
大事(**だいじ**): 중요함, 소중함	札(**ふだ**): 표, 팻말
保管書(**ほかんしょ**): 보관서, 보관증	

いのうえ: すみません、 リムジンバスの チケットを お願い します。
デスク: はい、 なんめいさま ですか。
いのうえ: 3めいです。
デスク: はい、3めいで 13,500ウォンになります。
いのうえ: くうこうまでは どのくらい かかりますか。
デスク: くうこうまで やく 50ぷん かかります。

井　上: 저, 리무진버스 티켓을 살 수 있습니까?
데스크: 네, 몇 분이십니까?
井　上: 3명입니다.
데스크: 네, 3명이면 13,500원 되겠습니다.
井　上: 공항까지는 어느 정도 걸립니까?
데스크: 공항까지 약 50분 걸립니다.

----- 단어 정리

井上(**いのうえ**): 이노우에(人名)　　　**チケット**(Ticket): 티켓
リムジンバス: 리무진버스　　　名(**めい**): 명
空港(**くうこう**): 공항　　約(**やく**): 약, 대략　　　**かかる**: 걸리다

なかじま: あの、ショッピングに イテウォンに 行きたいですが。
デスク: イテウォンに いらっしゃるなら シャトルを ごりよう ください。シャ
　　　　トルバスは 30分ごとに むりょうで うんこう して おります。

中　島: 저, 쇼핑하러 이태원에 가고 싶은데요.
데스크: 이태원에 가시려면 셔틀(버스)을 이용해 주십시오. 셔틀버스는
　　　　30분마다 무료로 운행되고 있습니다.

단어 정리

中島(**なかじま**): 나카지마(人名)　　**ショッピング**: 쇼핑＝買物(**かいもの**)
イテウォン: 이태원　　**シャトル**: 셔틀(버스)　　無料(**むりょう**): 무료
運行(**うんこう**): 운행

ささき: かいものは どこで するのが いいですか。
デスク: このごろは なんだいもん いちばを ごりようになる 方も たいへ
　　　　んおおく なりました。
ささき: シャトル・バスは ありますか。
デスク: シャトル・バスは いつも ていじに しゅっぱつ いたします。で
　　　　も、なんだいもん いちばは あるいて やく 5ふんの きょりです。

佑々木: 쇼핑은 어디서 하는 것이 좋습니까?
데스크: 요즈음은 남대문시장을 이용하시는 분도 꽤 많아졌습니다.
佑々木: 셔틀버스는 있습니까?
데스크: 셔틀버스는 항상 정시에 출발합니다. 하지만 남대문시장은 걸어
　　　　서 약 5분 거리입니다.

---- 단어 정리 ----

佑々木(**ささき**): 사사키(人名)	市場(**いちば**): 시장
多い(**おおい**): 많은, 많이	定時(**ていじ**): 정시, 정각
買物(**かいもの**): 쇼핑(＝ショッピング)	出發(**しゅっぱつ**): 출발
歩く(**あるく**): 걷다	距離(**きょり**): 거리

Part 7

하우스키핑

하우스키퍼(house keeper)는 호텔의 객실정비·유지관리, 비품 및 집기 관리, 린넨 관리를 하는 종사원이다. 객실의 청결을 위해 청소를 하거나 객실의 침대시트·수건의 수거, 객실 내 기물의 이상 유무 체크, 냉장고 음료수 공급 등의 업무를 하며, 투숙객의 세탁물을 접수하여 품목과 수량 등을 기록하고, 사용시간에 맞게 체크하여 고객에게 공여되도록 한다. 하우스키핑 캡틴은 호텔하우스의 효율적인 운영을 위하여 적정한 인원 배치, 새로운 작업방법의 도입 등 업무를 연구·개선한다. 소속 종사자의 작업계획을 수립하고 원활히 운영되도록 지시한다. 부하직원이나 신입직원에게 효과적인 업무방법을 교육·훈련시킨다. 소속부서에 소요되는 각종 비품이나 용품·도구 등이 기록장부와 일치하는지 주기적으로 확인한다. 그리고 호텔 내 각 부서와도 긴밀히 협조한다.

중요표현

ハウスキーピングでございます。

(하우스키핑입니다.)

へやの そうじに きました。

(방 청소하러 왔습니다.)

れいぞうこを チエックに きました。

(냉장고를 체크하러 왔습니다.)

チエックアウトなさる時、フロントで おねがいします。

(체크아웃 하실 때, 프런트에서 부탁합니다.)

へやに おいて でかけても よろしいです。

(방에 두고 나가도 좋습니다.)

へやに はいっても いいですか。

(방에 들어가도 좋습니까?)

· 用紙に 記入を **おねがいします**。
· 용지에 기입을 부탁합니다.

· 明日 12時頃 **おとどけいたします**。
· 내일 12시경 보내 드리겠습니다.

· 他に 特別**な** 注文**は** **ございませんか**。
· 다른 특별한 주문은 없으십니까?

· 洗濯物を **もういちど** **確かめてくださいますか**。
· 세탁물을 한 번 더 확인해 주시겠습니까?

· **確かめて** すぐ **おとどけいたします**。
· 확인하여 곧 보내 드리겠습니다.

· 少し **お待ち下さいませ**。**お調べ いたします**。
· 잠시 기다려 주십시오. 찾아보겠습니다.

· **その部屋で** 時計が **見付かりました**。
· 그 방에서 시계가 발견되었습니다.

---- 단어 정리 ----

用紙(**ようし**)：용지   記入(**きにゅう**)：기입   頃(**ころ**)：무렵, 때, 경

とどける：보내다, 전하다   他(**ほか**)：다른   特別(**とくべつ**)：특별

注文(**ちゅうもん**)：주문   洗濯物(**せんたくもの**)：세탁물

確**かめる**(**たしかめる**)：확인하다   調**べる**(**しらべる**)：조사하다, 찾다

時計(**とけい**)：시계   見付**かる**(**みつかる**)：발견되다

ルーム メード: ルームメードでございます。

すずき: なんですか。

ルーム メード: 部屋の 掃除のために きましたが、お邪魔してもよろしい
ですか。

すずき: はい、いいですよ。

룸 메이드: 룸 메이드입니다

鈴　木: 뭡니까?

룸 메이드: 방 청소 때문에 왔습니다만, 괜찮습니까?

鈴　木: 예, 좋습니다.

---- 단어 정리 ----

ルーム メード(room maid): 객실을 청소하는 여직원

掃除(そうじ): 청소　　　　邪魔(じゃま): 방해

ルーム メード: ルームメードでございます。
いしだ: 何の用ですか。
ルーム メード: 部屋の 掃除を しに まいりました
いしだ: 今は ちょっと 用事が ありますから、後でも いいですか。
ルーム メード: 何時頃が いいでしょうか。
いしだ: 4時頃が いいと 思いますけど。
ルーム メード: はい、よく わかりました。

룸 메이드: 룸 메이드입니다
石　　田: 무슨 용건입니까?
룸 메이드: 방 청소하러 왔습니다.
石　　田: 지금은 잠시 볼일이 있으니, 나중에 해도 괜찮습니까?
룸 메이드: 몇 시경이 좋을까요?
石　　田: 4시경이 좋다고 생각되는데요.
룸 메이드: 예, 잘 알겠습니다.

----- 단어 정리 -----
用事(ようじ): 볼일　　　　後(あと): 나중

こ　が: もしもし、こちらは 808号室ですが、部屋の 掃除を お願いします。

ルーム メード: 何時頃が よろしいですか。

こ　が: 今 出かけて 3時までには もどりますから、その間に 掃除して下さい。

ルーム メード: わかりました。

こ　が: では、頼みます。

古　　賀: 여보세요, 여기는 808호실입니다만 방 청소를 부탁합니다.

룸 메이드: 몇 시경이 좋습니까?

古　　賀: 지금 나가서 3시까지는 돌아오니 그 사이에 청소해 주십시오.

룸 메이드: 알겠습니다.

古　　賀: 그럼, 부탁합니다.

---- 단어 정리

号室(ごうしつ): 호실　　　　　出かける(でかける): 나가다, 외출하다

もどる: 돌아가다, 돌아오다　　　間(あいだ): 사이, 동안

頼む(たのむ): 부탁하다

사례 04

ルーム メード: 失礼します。冷蔵庫を チエックに きました。

にしむら: どうぞ、入って下さい。

ルーム メード: 水 1本と コーラ 2本を 飲みましたね。

にしむら: そうです。

ルーム メード: 精算は チエックアウトなさる時、フロントで おねがいします。

にしむら: わかりました。

룸 메이드: 실례하겠습니다. 냉장고를 체크하러 왔습니다.

西　村: 들어오세요.

룸 메이드: 물 한 병과 콜라 두 병을 마셨네요.

西　村: 그렇습니다.

룸 메이드: 정산은 체크아웃 하실 때, 프런트에서 부탁합니다.

西　村: 알겠습니다.

---- 단어 정리 ----

失礼(**しつれい**): 실례　　　　　冷蔵庫(**れいぞうこ**): 냉장고

入る(**はいる**): 들어가다, 들어오다　　飲む(**のむ**): 마시다

精算(**せいさん**): 정산

사례 5

やました: もしもし、ここに 洗濯物が ありますけど。

ルーム メード: そうですか、へやに おいて でかけても いいですが。

やました: わかりました。いつまで できますか。

ルーム メード: 明日 12時まで できます。

やました: そうですか。明日 朝 大事な 約束が ありますので、10時まで
なんとか できませんか。

ルーム メード: はい、わかりました。では 明日 朝 10時まで おとどけします。

やました: ありがとう。

山　下: 여보세요, 여기에 세탁물이 있습니다만.

룸 메이드: 그렇습니까? 방에 놓고 외출해도 괜찮습니다.

山　下: 알겠습니다. 언제까지 되겠습니까?

룸 메이드: 내일 12시까지 됩니다.

山　下: 그렇습니까? 내일 아침에 중요한 약속이 있기 때문에, 10시까지
어떻게 안 되겠습니까?

룸 메이드: 예, 알겠습니다. 그러면 내일 아침 10시까지 보내 드리겠습니다.

山　下: 고마워요.

----- 단어 정리 -----

洗濯物(**せんたくもの**): 세탁물　　**できる**: 가능하다, 만들어지다

朝(**あさ**): 아침　　**大事**(**だいじ**): 큰일, 중요함

約束(**やくそく**): 약속　　**なんとか**: 어떻게든

Part 8

전화교환

호텔에 투숙한 투숙객들이 외부에 전화를 하거나 외부에서 투숙객을 찾는 전화가 걸려 오면 내용을 확인하여 연결해 주는 업무를 담당한다. 걸려 온 전화의 국선을 확인하여 불이 들어온 전화를 받고 전화용무를 확인한 다음, 확인된 전화용무에 맞추어 연결하거나 메모하기도 한다. 부재중에 걸려 온 전화는 내용을 기록해 두었다가 해당 객실의 손님에게 전달한다. 투숙객이 모닝콜을 부탁하면 모닝콜 대장에 기재하고 정해진 시간에 모닝콜을 해 드린다. 국제통화·국내통화를 고객의 요구대로 연결시키거나 통화방법을 안내하며, 요금을 확인하여 기록한다.

중요표현

こうかんしゅです。
(교환수입니다.)

おつなぎ いたします。
(연결해 드리겠습니다.)

フロントに おつなぎ します。
(프런트에 연결하겠습니다.)

おはなし ちゅうです。
(통화 중입니다.)

でんわが きれました。
(전화가 끊어졌습니다.)

なにか でんごんでも ありますか。
(무슨 전할 말이라도 있습니까?)

へんじが ありません。
(응답이 없습니다.)

どちらに おかけに なりますか。
(어디에 거시겠습니까?)

なんばんに おかけに なりますか。

(몇 번에 거시겠습니까?)

どなたと おはなしに なりますか。

(어느 분과 통화하시겠습니까?)

そのまま おまちください。

(그대로 기다려 주십시오.)

おまたせいたしました。

(오래 기다리셨습니다.)

・部屋に **お電話なさる** 時は こうない 電話を **ご利用** ください。
・객실에 전화하실 때는 구내전화를 이용해 주십시오.

・**しない電話は こうしゅう** 電話で **できます。**
・시내전화는 공중전화로 할 수 있습니다.

・**しない電話は** 9番を **おしてから かけて** くだい。
・시내전화는 9번을 누르고 나서 거십시오.

・**こくさい電話は カード電話で かけられます。**
・국제전화는 카드전화로 걸 수 있습니다.

・**こくさい電話は おへやから ちょくせつ かけられます。**
・국제전화는 방에서 직접 걸 수 있습니다.

・**おでんわを おへやに おつなぎいたします。**
・전화를 방으로 연결해 드리겠습니다.

····· 단어 정리 ·····

公衆(**こうしゅう**): 공중   構内(**こうない**): 구내   市内(**しない**): 시내
國際(**こくさい**): 국제   **カード**: 카드   直接(**ちょくせつ**): 직접
押**せば**(**おせば**): 누르면   **つなぐ**: 연결하다, 잇다

사례 01

オペレーター: オペレーターでございます。

あべ: こちらは 1210号室ですが、モーニング コールを お願いします。

オペレーター: はい、何時に いたしましょうか。

あべ: 明日 朝 7時に お願いします。

オペレーター: わかりました。明日 朝 7時に モーニング コールいたします。では、お休みなさい。

あべ: はい、どうも

교　환: 교환입니다

阿　部: 여기는 1210호실입니다만, 모닝콜을 부탁합니다.

교　환: 예, 몇 시에 해 드릴까요?

阿　部: 내일 아침 7시에 부탁합니다.

교　환: 알겠습니다. 내일 아침 7시에 모닝콜 해 드리겠습니다. 그럼, 안녕히 주무세요.

阿　部: 예, 고맙습니다.

> **단어 정리**
>
> **オペレーター**(operator): 교환　　　**モーニング コール**(morning call): 모닝콜
> **休む**(**やすむ**): 쉬다, 잠자리에 들다　　　**どうも**: '고맙습니다'의 줄임말

オペレーター: オペレーターでございます。

かわの: 日本へ 國際電話を かけたいんです。

オペレーター: 部屋から 直接 かけられます。

かわの: どう かけますか。

オペレーター: まず 9－001－81を 押してから、地域番号と 電話番号を
押せば いいです。

かわの: どうも ありがとう。

オペレーター: どういたしまして。

교　환: 교환입니다

河　野: 일본에 국제전화를 걸고 싶습니다.

교　환: 방에서 직접 걸 수 있습니다.

河　野: 어떻게 겁니까?

교　환: 먼저 9－001－81을 누르고 나서, 지역번호와 전화번호를 누르면
됩니다.

河　野: 대단히 고마워요.

교　환: 천만에요.

---- 단어 정리 ----

國際電話(**こくさいでんわ**): 국제전화	**かける**: 걸다
直接(**ちょくせつ**): 직접	押す(**おす**): 누르다
地域番号(**ちいきばんごう**): 지역번호	

たむら: もしもし、外に 電話したいんですが、どのように **すれば** いいですか。

オペレーター: 外の電話は 最初 9番を 押して、次に 電話番号を 押せば
できます。

たむら: 地域番号は 要りませんか。

オペレーター: 市内電話は 要りませんけど、市外電話は 地域番号が要ります。

たむら: **わかりました。ありがとう。**

田　村: 여보세요, 외부에 전화하고 싶습니다만, 어떻게 하면 좋습니까?

교　환: 외부전화는 처음에 9번을 누르고, 다음에 전화번호를 누르면 됩니다.

田　村: 지역번호는 필요 없습니까?

교　환: 시내전화는 필요 없습니다만, 시외전화는 지역번호가 필요합니다.

田　村: 알았습니다. 고마워요.

단어 정리

外(**そと**): 밖, 외부　　　最初(**さいしょ**): 최초, 처음　　次(**つぎ**): 다음
要る(**いる**): 필요하다　　市内電話(**しないでんわ**): 시내전화
市外電話(**しがいでんわ**): 시외전화

オペレーター: オペレーターでございます。
ますだ: すみません。515号へ 電話を したいんですが。
オペレーター: それは 直接 かけられます。そのまま 部屋番号だけ 押して下さい。
ますだ: 部屋番号だけですか。
オペレーター: そうです。
ますだ: ありがとう。

교　환: 교환입니다.
増　田: 미안합니다. 515호에 전화를 하고 싶습니다만.
교　환: 그것은 직접 걸 수 있습니다. 그대로 방 번호만 눌러 주십시오.
増　田: 방 번호만 말입니까?
교　환: 그렇습니다.
増　田: 고마워요.

---- 단어 정리 ----

そのまま: 그대로　　　　部屋番号(へやばんごう): 방 번호　　　**だけ**: ～만

オペレーター: ○○ ホテルでございます。

なかむら: もしもし、717号に つないで 下さい。

オペレーター: おそれいりますが、717号の お客様の 名前を お願いします。

なかむら: すみません。名前を 忘れました。

オペレーター: 私共の ホテルでは、お客様の 安全のため、名前を 知らな
いと、部屋に おつなぎいたしません。

なかむら: そうですか。何とか できませんか。

オペレーター: 申し譯ございません。名前を 確かめて、もう一度お電話
して下さい。

なかむら: わかりました。それじゃ、またかけます。

교　환: ○○ 호텔입니다.

中　村: 여보세요, 717호에 연결해 주세요.

교　환: 죄송합니다만, 717호 손님 이름을 부탁합니다.

中　村: 미안합니다. 이름을 잊어버렸습니다.

교　환: 저희 호텔에서는 손님의 안전을 위해서 이름을 모르면, 방으로 연
결하지 않습니다.

中　村: 그렇습니까? 어떻게 안 됩니까?

교　환: 죄송합니다. 이름을 확인하여, 다시 전화해 주십시오.

中　村: 알겠습니다. 그러면 다시 걸겠습니다.

사례 **05**

Part 9

레스토랑 서비스

수년 전만 해도 레스토랑 서비스는 양을 많이 주고 빨리 제공만 하면 훌륭한 서비스라고 하였다. 그러나 서비스 산업시대에 살고 있는 현대인들은 가처분소득이 상승하고, 여유가 생김에 따라 점차 가격이나 양에 대해서는 신경을 쓰지 않게 되었으며, 소위 품질에 대한 욕구가 높아지게 되었다. 레스토랑 종사자의 외모가 아름답고 접객 기교만 있다고 해서 훌륭한 서비스맨이라고 할 수는 없다. 그러한 것은 숙달된 서비스는 될지언정 훌륭한 서비스는 될 수 없기 때문이다. 왜냐하면 모든 인간에게 있어서 무엇보다 중요한 것은 정신 혹은 마음이기 때문이다. 정신의 바탕, 즉 환대정신이 바탕에 있어야 비로소 그 서비스가 빛을 낼 수 있는 것이다.

중요표현

ただいま 滿席です。

(지금은 자리가 없습니다.)

お待いただけますか。

(기다려 주시겠습니까?)

お待たせいたしました。

(오래 기다리셨습니다.)

ご相席になりますが。

(합석하셔야 되겠습니다만…….)

足もとに ご注意 くださいませ。

(발밑을 조심하십시오.)

空いた席が ありますか。

(빈자리가 있습니까?)

どうぞ おかけくださいませ。

(편하게 앉으십시오.)

メニューでございます。

(메뉴판입니다.)

何を 召し上がりますか。

(무엇을 드시겠습니까?)

お飲み物は 何になさいますか。

(마실 것은 무엇으로 하시겠습니까?)

ご注文は お決まりで ございますか。

(주문은 결정하셨습니까?)

ウェイター：いらっしゃいませ。何名様ですか。

だなか：ふたりです。あの、予約して いないんですが。大丈夫ですか。

ウェイター：申しわけございません。ただいま 満席ですので、少タ お待
いただけますか。

だなか：どのぐらい かかりますか。

ウェイター：申しわけございません，10分ぐらいですが。

웨이터: 어서 오십시오. 몇 분이십니까?

田　中: 두 명입니다. 예약을 하지 않았는데…… 괜찮습니까?

웨이터: 죄송합니다만, 지금 만석이어서, 잠시 기다려 주시겠습니까?

田　中: 얼마나 걸리나요?

웨이터: 죄송합니다. 10분 정도입니다만…….

단어 정리

□ 大丈夫ですか: 괜찮습니까?
　질문에 답을 大丈夫です(괜찮습니다)라고 답할 경우에는 뭐든지 OK 상태일 때이
다. 즉, 일이나 건강 등 컨디션이 좋다는 뜻에 대한 답으로 쓴다.

□ 申しわけございません: 죄송합니다만.
　すみません보다 미안한 정도가 강하거나 상당히 정중한 표현이 요구될 때 사용한다.

□ **ただいま**: **ただいま**에는 두 가지 뜻이 있다.
 ① 바로 지금, 현재의 뜻―**ただいま**(上映中): 현재 상영 중.
 ② 방금, 이제 막이라는 뜻―**ただいま 出かけました。**: 방금 나갔습니다.

□ **どのくらい かかりますか**: 얼마나 걸리나요?
 どのくらい는 대략적인 양을 나타내는 말로서 '어느 정도, 얼마나'의 뜻이다. 또한 **くらい**와 **ぐらい**는 거의 구별 없이 쓰이고 있으나, 일반적으로 체언에 이어질 때는 탁음화되고, **どの**에 이어질 때는 탁음화되지 않는다. **かかりますか**는 기본형이 **かかる**로 '시간이 걸리다, 비용이 들다'의 뜻이다. 여기서는 '시간이 걸리다'의 뜻으로 쓰였다.

ウェイター: お待たせいたしました。お客様, ただいまのところ ご相席に
　　　　　 なりますが、よろしいでしょうか。
いしい: はい、結構です。
ウェイター: では、あちらの テーブルで どうぞ。
いしい: どうも ありがとう。

웨이터: 오래 기다리셨습니다. 손님, 지금 현재로는 합석하셔야 되는데, 괜
　　　　찮으시겠습니까?
石　井: 네, 좋습니다.
웨이터: 그러면, 저쪽 테이블로 안내하겠습니다.
石　井: 고마워요.

단어 정리

□お待たせいたしました: '오래 기다리셨습니다, 많이 기다리셨습니다'
　待つ(기다리다)의 使役形을 お~いたす 의문형으로 만든 것이며 이 말은 접객 용
　어의 하나로서 외워 두는 편이 좋다.

□ご相席: 합석(合席)
　택시의 경우에는 합승을 하게 되는데 택시 합승은 일본에는 없는 일이지만 한국
　을 찾는 일본인들은 한국의 택시 합승을 알고 있다. 합승은 '相乗'이라고 한다.

ウェイトレス: いらっしゃいませ。

いまい: こんにちは。

ウェイトレス: ご予約で いらっしゃいますか。

いまい: はい。

ウェイトレス: お名前を お願いします。

いまい: 今井 慶子です。

ウェイトレス: 今井様、お待ちして おりました。お席へ ご案内 いたします。こちらへ どうぞ。足もとに ご注意 くださいませ。

웨이트리스: 어서 오십시오.

今　井: 안녕하세요?

웨이트리스: 예약하셨습니까?

今　井: 네.

웨이트리스: 성함이 어떻게 되시죠?

今　井: 이마이 게이코입니다.

웨이트리스: 이마이 손님, 기다리고 있었습니다. 자리에 안내해 드리겠습니다. 이쪽으로 오십시오. 발 조심하세요.

ウェイトレス: いらっしゃいませ。おはようございます。何名様でしょうか。

きむら: 3人です。窓の方の 席が いいんですが、空いた席が ありますか。

ウェイトレス: はい、かしこまりました。3名様で ございますね。お席の ほうに ご案内 いたします。どうぞ こちらへ。

ウェイトレス: こちらの テーブルは いかがですか。どうぞ おかけくださいませ。

きむら: どうも。

웨이트리스: 어서 오십시오. 좋은 아침입니다. 몇 분이십니까?

木 村: 세 명입니다. 창가 쪽이 좋은데, 빈자리가 있습니까?

웨이트리스: 네, 알겠습니다. 세 분이시죠? 자리로 안내해 드리겠습니다. 이쪽으로 오십시오.

웨이트리스: 이 테이블은 어떻습니까? 편히 앉으십시오.

木 村: 고마워요.

단어 정리

□何名様**でしょうか**: 몇 분이십니까?
　～樣는 인명에 연결하여 쓰이는 ～**さん**보다 더욱 격식을 차린 표현이며 사람 수를 셀 때 쓰는 공손한 표현이다. 또한 何人보다 何名의 표현이 공손하다.

□ご案内**いたします**: 안내해 드리겠습니다.
　いたします는 **します**(**する**: 하다)의 겸양어로 기본형은 **いたす**이다.

□**どうぞ こちらへ**: 이쪽으로 오십시오.
　どうぞ는 일본어에만 있는 독특한 표현이다. 우리말로는 '부디, 어서' 정도가 되겠으나, 상황에 따라 쓰도록 해야 한다. 여기서는 어떤 장소로 안내할 때 사용되고 있다.

□**おかけくださいませ**: 편히 앉으시지요.
이것은 **お**＋**ます**形＋**ください**(～해 주십시오.)의 형태로 **てください**보다 한층 더 정중한 표현이다. 기본형은 **かける**(걸치다, 앉다)이다.

たんとう: いらっしゃいませ。メニューでございます。どうぞ ごらんくだ
　　　　　 さいませ。何を 召し上がりますか。
おきゃく: ブルゴギ 2人 前と レイメン お願いします。
たんとう: お飲み物は 何になさいますか。
おきゃく: ビール ありますか。
たんとう: はい, ございます。
おきゃく: じゃ, ビール 1本ください。
たんとう: それでは, ブルゴギ 2人前と レイメンが ふたつ, ビール 1本で
　　　　　 ございますね。あいがとうございます。少夕お待ちぐください。

担　当: 어서 오십시오. 메뉴판입니다. 보시기 바랍니다. 무엇을 드시겠습
　　　　 니까?
손　님: 불고기 2인분하고 냉면 주세요.
担　当: 마실 것은 무엇으로 하시겠습니까?
손　님: 맥주 있습니까?
担　当: 네, 있습니다.
손　님: 그러면, 맥주 한 병 주세요.
担　当: 네, 그럼 불고기 2인분하고 냉면 둘, 맥주 한 병이시죠? 감사합니
　　　　 다. 잠시 기다려 주십시오.

---- 단어 정리 ----

□ **メニューでございます**: 메뉴판입니다.
メニューです보다 공손한 표현이다.

□ **どうぞ ごらんくださいませ**: '**どうぞ**는 일본어에서만 있는 독특한 표현이다. 굳이 우리말로 의역하면 '부디', '어서' 정도가 되겠으나, 상황에 따라 옮기도록 해야 한다. 무엇인가를 권유하거나 어떤 요청, 부탁 등을 받았을 때, 쾌히 승낙할 때 사용된다. 본문에서는 메뉴를 손님에게 건네주면서 보시길 '바랍니다'라는 뜻으로 사용되었다. **ごらんくださいませ**는 見**る**(보다)의 존경어로 '보십시오'의 뜻이다.

□ **何を召し上がりますか**: 무얼 드시겠습니까?
召し上がる는 食べる(먹다)와 飲**む**(마시다)의 존경어이다. 여기서는 食べる(먹다)의 존경어로 쓰였다.

□ **何になさいますか**: 무엇으로 하시겠습니까?
する(하다)의 존경어는 **なさる**(하시다)이다. 여기서는 **しますか**의 존경어로 **なさいますか**가 쓰였다.

□ **ビ－ルありますか** / **はい、ございます**: 맥주 있습니까? / 네, 있습니다.
ビ－ル는 맥주이고 **ビル**는 빌딩의 약자이다.

しょくいん: いらっしゃいませ。何名様でしょうか。
おきゃく: 3人です。
しょくいん: こちらへ どうぞ。ただ今, メニューを お持ちいたします。あの, ご注文は お決まりで ございますか。
おきゃく: はい, カルビタン 2人前と 石燒き ビビンパを 1つ お願いします。
しょくいん: はい, かしこまりました。それでは, カルビタンが 2人 前と 石燒 きビビンパが おひとつで こざいますね。

職　員: 어서 오십시오. 몇 분이십니까?
손　님: 세 명입니다.
職　員: 이쪽으로 오십시오. 곧, 메뉴를 갖고 오겠습니다. 저, 주문은 결정 하셨습니까?
손　님: 네, 갈비탕 2인분하고 돌솥비빔밥 하나 부탁합니다.
職　員: 네, 잘 알겠습니다. 그러면 갈비탕이 2인분하고 돌솥비빔밥을 한 개 주문하시는 거죠?

□何名様でしょうか: 몇 분이십니까?

何名さんですか보다 더욱 격식을 차린 표현이며 사람 수를 셀 때 쓰는 공손한 표현이다.

□こちらへ どうぞ ＝ どうぞ こちらへ

여기서는 어떤 장소로 안내할 때 사용되고 있으며 '어서 이쪽으로 오십시오'의 뜻이다.

□お持ちいたします: 갖고 오겠습니다.

お ＋ ます形 ＋ いたす의 문형으로 持ちます의 겸손한 표현이다.

□おひとつ: ひとつ(한 개)를 높여서 おひとつ라고 했다.

▍약력

경희대학교 호텔경영대학 호텔경영
동아대학교 관광경영학 석사
경주대학교 관광학 박사
부산대학교 대학원 일어일문학과 중퇴
여성인력개발센터 일본어 강사
여행사 일본어통역가이드
경주조선호텔 부산사무소 소장
경주대학교, 경남정보대학 외래교수
영산대학교 호텔관광학부 겸임교수
학술진흥재단 논문심사위원
現 경남대학교 관광학부 강의전담교수

자격증: 일본어통역안내사, 영어통역안내사, 일본어능력평가 1급,
        미국총지배인(CHA), 호텔경영사, 소믈리에, 양식조리사,
        조주기능사, 오하이오주립대 TESOL

▍주요 논저

「호텔기업의 서비스생산성이 경쟁우위와 경영성과에 미치는 영향」
「호텔객실 서비스품질이 사후평가에 미치는 영향」
「변혁적 리더십과 거래적 리더십이 호텔 종사자의 자긍심과 조직몰입에 미치는 영향」
「호텔기업의 객실영업지표와 객실매출과의 관계에 관한 연구」
「호텔종사원의 개인적 특성에 따른 기업의 윤리경영과 직무만족의 차이」
「내국인과 일본인의 호텔선택속성에 관한 중요도 비교 연구」
「일본인 관광객의 부산관광에 대한 만족도 연구」
「호텔기업에 있어서 리더십이 집단응집력과 직무성과에 미치는 영향」
「일반 환경변화가 호텔식음료매출에 미치는 영향」
『호텔객실용어』
『호텔객실실무서비스』
외 다수

호텔관광
실무일본어

초판인쇄 | 2010년 6월 22일
초판발행 | 2010년 6월 22일

지 은 이 | 구정대
펴 낸 이 | 채종준
펴 낸 곳 | 한국학술정보㈜
주   소 | 경기도 파주시 교하읍 문발리 파주출판문화정보산업단지 513-5
전   화 | 031) 908-3181(대표)
팩   스 | 031) 908-3189
홈페이지 | http://ebook.kstudy.com
E-mail | 출판사업부 publish@kstudy.com
등   록 | 제일산-115호(2000. 6. 19)

ISBN   978-89-268-1107-8 13730 (Paper Book)
       978-89-268-1108-5 18730 (e-Book)

이담 Books 는 한국학술정보(주)의 지식실용서 브랜드입니다.